重庆市曲艺团委托课题项目"非遗数字艺术项目开发与

非物质文化遗产数字化项目开发与管理

——以重庆地区为例

陈永雄 严 亚 金圣尧 陈亨利 等著

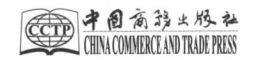

中国商务出版社
CHINA COMMERCE AND TRADE PRESS

图书在版编目（CIP）数据

非物质文化遗产数字化项目开发与管理：以重庆地区为例/陈永雄等著．—北京：中国商务出版社，2022.8

ISBN 978-7-5103-4172-4

Ⅰ.①非… Ⅱ.①陈… ②严… ③金… Ⅲ.①非物质文化遗产—数字化—项目开发—研究—重庆 Ⅳ.① G127.719-39

中国版本图书馆 CIP 数据核字（2022）第 141970 号

非物质文化遗产数字化项目开发与管理：以重庆地区为例
FEIWUZHI WENHUA YICHAN SHUZIHUA XIANGMU KAIFA YU GUANLI: YI CHONGQING DIQU WEILI

陈永雄　等著

出　　　版：	中国商务出版社
地　　　址：	北京市东城区安外东后巷28号　　邮　编：100710
责任部门：	教育事业部（010-64283818）
责任编辑：	刘姝辰
直销客服：	010-64283818
总　发　行：	中国商务出版社发行部（010-64208388　64515150）
网购零售：	中国商务出版社淘宝店（010-64286917）
网　　　址：	http://www.cctpress.com
网　　　店：	https://shop162373850.taobao.com
邮　　　箱：	347675974@qq.com
排　　　版：	北京贝壳互联科技文化有限公司
印　　　刷：	天津雅泽印刷有限公司
开　　　本：	710毫米×1000毫米　1/16
印　　　张：	13　　　　　　　　　　　　　字　数：185千字
版　　　次：	2022年8月第1版　　　　　　　印　次：2022年8月第1次印刷
书　　　号：	ISBN 978-7-5103-4172-4
定　　　价：	65.00元

凡所购本版图书如有印装质量问题，请与本社印制部联系（电话：010-64248236）

版权所有　盗版必究（盗版侵权举报可发邮件到本社邮箱：cctp@cctpress.com）

本书作者

陈永雄　严　亚　金圣尧
陈亨利　刘建龙　董小宇
孟　亚　韩　姝　张　军
李宣霖　扶　瑶　向艳灵
晏　洪　粟　棱　李　喆
钱泓伊

前　言

近年来，党和政府高度重视中华优秀传统文化的弘扬。中共中央办公厅、国务院办公厅于2021年印发的《关于进一步加强非物质文化遗产保护工作的意见》中着重强调要"开展全国非物质文化遗产资源调查，完善档案制度，加强档案数字化建设，妥善保存相关实物、资料"。重庆地区拥有丰富的非物质文化遗产资源，有彰显劳动人民坚韧意志的"川江号子"，也有展现普通百姓审美情趣的四川清音、四川扬琴，还有蕴含少数民族文化传统的秀山金珠苗绣、石柱酒令。这些非物质文化遗产是中华传统文化的具象表征和现实载体，凝结着中华民族的古老智慧，应当被我们长久铭记与传承。

但是，随着中国社会现代化转型的逐渐加速，中国人的生活方式发生了巨大变化，生发于传统文化语境下的非物质文化遗产的生存状态也开始恶化，一些非遗项目时刻面临失传、断绝的危险。与此同时，新型数字技术为非物质文化遗产的保护和开发提供了新的平台，一些地方政府或文化事业单位开始组建非遗数字平台，形成非遗数据库，重庆市曲艺团的非遗大数据中心就是其中的典型案例。基于这一现实背景，本书尝试从学理和实践两个方面综合探讨非物质文化遗产的数字化项目管理。

为了厘清非遗数字化管理的发展历程，本书首先在绪论中阐明非物质文化遗产及其相关概念的内涵，并以"非物质文化遗产""数字化"等关键词进行检索，疏理了国内外的相关研究成果，归纳非遗数字化管理的研究视角和实践路径，为后续的研究讨论奠定了坚实的基础。为了全面考察重庆地区非遗的生存状态，本书在第二章从地区分布、项目类型等角度总结了重庆非遗资源的总体样貌，并对具有代表性的非遗做了详细介绍，剖析非遗传承面临的具体困境，阐明非遗数字化保护的可行性和必要性。第三章至第五章为本书的核心内容。一方面深入探究了数字技术对非遗传承的积极和消极影响，结合实际案例阐释非遗数字化内容的生产模式；另一方面，基于国家政策、地方规定等宏观视角，参照国内外先进的非遗数字化管理经验，提出多元主体参与的平台建设机制，并建构多维度的数字化平台架构模型。最后，本书阐述了非遗数字化项目的社会价值，辨明了非遗传承在文化、教育、经济等领域的重要作用。

文化是一个民族的精神家园，是国家发展和民族振兴的主要推动力。非物质文化遗产作为中华优秀传统文化的重要构成部分，其保护与传承需要全社会的共同参与。《非物质文化遗产数字化项目开发与管理》的出版是对重庆地区非遗数字化发展的理论性研究尝试，也希望能给全国非遗保护与传承实践提供一定程度的参考。

本书是项目组团队协作的智慧结晶，由重庆市曲艺团编著，重庆第二师范学院承担文献整理工作，重庆市曲艺团非遗专项资金提供经费支持。

| 目 录 |

第一章　绪论 / 1

　　第一节　相关概念阐析 / 3

　　第二节　研究现状 / 16

　　第三节　价值与意义 / 37

第二章　重庆地区非物质文化遗产的生存现状与问题 / 41

　　第一节　描绘与勾勒：重庆地区非物质文化遗产概况 / 41

　　第二节　生存与传承：重庆非遗的发展现状 / 66

　　第三节　现代与未来：重庆非遗管理数字化发展的可能性 / 73

第三章　环境重构：数字技术对非物质文化遗产传承的影响 / 78

　　第一节　数字技术对非物质文化遗产传承的积极影响 / 83

　　第二节　数字技术对非物质文化遗产传承的消极影响 / 103

第四章　内容机制：非物质文化遗产数字化项目的开发机制 / 118

第一节　非遗的数字化开发 / 118

第二节　非遗数字化技术应用 / 127

第三节　非遗数字化的展示与传播 / 134

第四节　数字化实例汇总 / 141

第五章　平台建设：非物质文化遗产数字化项目的管理机制 / 152

第一节　非物质文化遗产数字化项目
　　　　管理平台建设的意义 / 152

第二节　非物质文化遗产数字化项目管理的模式建构 / 156

第六章　意义传用：非物质文化遗产数字化项目的社会价值 / 183

第一节　地方性文化传承 / 183

第二节　非物质文化遗产普及教育 / 185

第三节　公益性数字化展示 / 190

第四节　创意性产业转化 / 191

第五节　国家文化软实力展现 / 196

后　记 / 199

第一章　绪论

如果失去记忆，何处安放人类不羁的灵魂？

人类文明同人类起源息息相关，自繁育发展到恢宏壮大，曲折漫长的历程以物质文明、精神文明的形式呈现，也是人类从蛮荒森林走向繁华都市的文明演进历程。古代猿类始，现代智人止，两者形态的巨大转变不仅标志着生命物质的飞跃，亦有文化的动因。

公元前3000年左右，苏美尔人手持芦苇茎，在泥板上刻下了迄今最早的象形文字，建立了复杂的行政和法律制度；公元前2690年左右，非洲东北部矗立起了第一座金字塔；公元前1776年，古巴比伦王国制定世界上已知的第一部法律《汉谟拉比法典》，并刻在"石柱法"上；公元前432年，希腊雅典卫城帕特农神庙修建完工；公元9世纪，古格王城傲然屹立在青藏高原。这些有形的物体不但记录了人类历史文明，还见证了世事变迁。可相较于以上肉眼可见的有形的物质文化，看不见的非物质文化更易让人神往，一探究竟。

闻名地中海的腓尼基人创造出了英文字母的鼻祖，通晓杂染、刺绣技术，却未曾亲自留下自己的民族传说；玛雅人创造了震惊世人的"卓金历"，千年不褪色的"玛雅蓝"工艺仍是未解之谜；当今世人更是无法亲眼看见赫梯人展示自己的"节中节"——"安塔赫舒节"了……诚然这些人类非物质文化曾灿烂辉煌，但都随时间，如云影掠过，隐没在黄昏的群岚里，当后人想去追逐一二时，却无从查起，唯闻叹息。

谈及看不见的文化，我们总是自傲地提及2000多年前的《诗经》——我国第一部诗歌总集。自西周初年起，我国便有采风制度。每到一定时日，朝廷会组织人员到民间采风，以便统治者"观风俗，知得失，自考正也"[①]。中华民族，泱泱大国，各族人民在长期的交流融合中创造了丰富的文化遗产。

有人说，举世瞩目的四大文明古国，只有中华文明未曾中断，那么，事实真是如此吗？我们所知的中华文明是完整的吗？当我们对东夷文明、黄河文明侃侃而谈的时候，是否忘了西域文明？当我们自称"华夏儿女""炎黄子孙"时，是否想起东部沿海的蚩尤子孙、来自西边草原的古欧洲人后裔？如果未曾断裂，盛行于东汉末年的"左伯纸"仍该备受青睐，响彻西域的敦煌曲子词仍能完整地被我们所欣赏，越王勾践剑上的镀铬工艺不必等到近代才被我们掌握，"诗魔"白居易笔下的蹙金刺绣就不用等到1987年法门寺的地宫打开，才知晓其工艺如何巧夺天工；如果未曾断裂，如今的我们就能窥视屈原切云帽是如何端庄，就能享受以《霓裳羽衣曲》《胡旋舞》为代表的唐代天籁。足见，在无形的文化遗产里，我们依然存在断裂现象。

客观辩证看待历史，知古鉴今。翻开中国近代史，我们不仅看到了中国长达百年的屈辱史，也应当知晓这是一部被盗史。当是时，英法德俄等国正对我们的大西北进行考古探险大竞赛。马克·奥利尔·斯坦因（Marc Aurel Stein）、斯文·赫定（Sven Hedin）、橘瑞超（Tachibana Zuicho）、马洛夫（Сергей Ефижович Мапов）等人凭借中华文明的璀璨明珠，成就了自己的"名垂青史"。回首历史，不能一味责备如王圆箓这类为着三十英镑而出卖经卷的人，更应做的是知史明耻，关注当下。历史上出现过的粟特文只有外国学者能够看懂，北大学者段晴仅能念上几段；自季羡林先生故去后，通晓吐火罗语者消失殆尽；梵文、古突厥语的研究热度亦随蒋忠新、耿世民等学界泰斗故去而平息。反观国外的学者，或成立专门的研究会，或为此耗尽一生、终身未娶，

---

① 班固：《汉书》，北京：中华书局1962年版，第1708页。

不得不令人震撼又汗颜。如果连基本的文字都不认识，从何谈起研究他们的非物质文化呢？

总之，中华民族之所以延绵至今，与各类文化传承息息相关。民族文化，尤其是非物质文化奠定了中华民族世代相传的文化底色，奠定与提供了发展先进文化的根基和资源，是国家民族赖以生存和发展的不竭动力。

第一节　相关概念阐析

一、文化遗产

"文化"在中国古来有之，是两个语素。各色交错的纹理为"文"的本义。在《周易·系辞下》中，"物相杂，故曰文"。《礼记·乐记》中则称"五色成文而不乱"[①]。"文，错画也，象交文。"《说文解字》如是说。"文"的若干意义由此引申而来。一为各种象征符号，具体演化为文物典籍、礼乐制度。二为自伦理而来的彩色图画、装饰、人为修养。三为前两者延展而来，为美、善、德行的意思。"化"字原本的意思为改易、生成、造化。后经各类典籍文学应用，用来指事物形态或性质的变化，教行迁善的意义亦随之衍生。

而语素"文"和语素"化"的第一次联合使用，最早可追溯到战国末年《易传·象传上·贲》中记载的"关乎天文，以察事变；观乎天下，以化成天下"凸显了"以文教化"的思想理念。西汉始，"文化"合二为一，意思与"自然""质朴""野蛮"相对。现代的"文化"二字在《现代汉语词典》里分为三层意思："一为人类在社会历史发展过程中所创造的物质财富和精神财富的综合，特指精神财富，如文学、艺术、教育、科学等；二指运用文字的能力及一般知识；三是考古学用语，指同一个历史时期的不依分布地点为转移的遗迹、遗物的

[①] 张岱年、方克立主编：《中国文化概论》，北京：北京师范大学出版社2004年版，第1页。

综合体。"①

当下通行的"文化"一词其实是个意译的舶来品。在西方民族的语言系统里，与"文化"对应的词汇很多，但彼此之间存在细微差别。拉丁语系中的 Culture 词有培植、种植、培养、居住等之义，可演化为陶冶人性情、教养品德的意思，贴近于中国的"教化"内涵，但其内涵又宽泛，有时候更符合中文里的"文明"一词。早在 1871 年，英国人类学家、文化人类学的鼻祖爱德华·伯内特·泰勒（Edward Burnett Tylor）在其代表作《原始文化》里把"文化"等同于"文明"，指出这是一个复杂的整体，它"包括知识、信仰、艺术、道德、法律、风俗以及作为社会成员的人所具有的其他一切能力和习惯"②。可惜的是泰勒的定义并未明确把实物包含在文化的范畴内。中国研究者钟敬文把实物纳入文化的定义之中："凡人类（具体点说，是各民族、各部落乃至各氏族）在经营社会生活过程中，为了生存或发展的需要，人为地创造、传承和享用的东西，大都属于文化范畴。它既有物质的东西（如衣、食、住、工具及一切器物），也有精神的东西（如语言、文学、艺术、道德、哲学、宗教、风俗等），当然还有那些为取得生活物资而进行的活动（如打猎、农耕、匠作等）和为延续人种而存在的家族结构以及其他各种社会组织。"③

《后汉书·列传二十七·宣张二王杜郭吴承郑赵列传第十七》之《郭丹传》里第一次出现了名词性质的"遗产"二字："丹出典州郡，入为三公，而家无遗产，子孙困匮。"意思是前人所遗留、遗存的带有物质属性的财物。《现代汉语词典》的"遗产"有两种意思："第一种是死者留下的财产，包括财物、债权等。第二种泛指历史上遗留下来的精神财物或物质财富。"④ 联合

---

① 中国社会科学院语言研究所词典编辑室主编：《现代汉语词典》，北京：商务印书馆 2015 年版，第 1363 页。

② ［英］泰勒：《原始文化》，蔡将浓译，杭州：浙江人民出版社 1988 年版，第 1 页。

③ 牟延林：《非物质文化遗产概论》，北京：北京师范大学出版社 2013 年版，第 13-14 页。

④ 中国社会科学院语言研究所词典编辑室主编：《现代汉语词典》，北京：商务印书馆 2015 年版，第 1535 页。

国教科文组织于1972年采用了"World Heritage"（世界遗产）这个国际术语。它的意思是"Our legacy from the past, what we live with today, and what we pass on to future generations."[①]（我们将留给后人的关于过去、现在的财产、遗物等）。当是时，该组织旨在在全球范围内寻找鉴别、保护和保存对全人类有突出价值的自然和文化遗产。并把它具化进了《保护世界文化和自然遗产公约》里。缔约国首先达成的共识为不管世界遗产地处何处，均属于全人类。同时，联合国教科文组织在世界遗产方面有八个任务：①鼓励各个国家保护好自己的自然和文化遗产；②鼓励缔约国对列入世界遗产名录的景点实施管理和报告机制；③对世界濒危遗产提供紧急救护；④鼓励当地人积极参与世界自然和文化遗产的保护和传承；⑤鼓励缔约国积极申遗本国遗产；⑥为缔约国保护世界遗产提供技术支持和专业训练；⑦大力支持缔约国开展提高民众保护世界遗产意识的活动；⑧鼓励各国在保护世界文化和自然遗产方面开展合作。可见，这里把遗产分为"自然遗产"和"文化遗产"。在第十七届联合国教科文组织大会上，"文化遗产"（Cultural Heritage）有了明确的定义：

文物：从历史、艺术或科学角度看具有突出的普遍价值的建筑物、碑雕和碑画、具有考古性质成分或结构、铭文、窟洞以及联合体；

建筑群：从历史、艺术或科学角度看在建筑式样、分布均匀或与环境景色结合方面具有突出的普遍价值的单立或连接的建筑群；

遗址：从历史、审美、人种学或人类学角度看具有突出的普遍价值的人类工程或自然与人联合工程以及考古地址等地方。[②]

此公约里的"文化遗产"包含了文物、建筑群和遗址三大类别。但这里的"文化遗产"似乎并未体现"文化"本身的意蕴及物质本身所携带的精神内涵。

---

① UNESCO.: "About World Heritage. World Heritage". https://whc.unesco.org/en/about/ (Visit time: 8/11/2021)

② UNESCO.: "Convention Concerning he Protection of the World Cultural and Natural Heritage". https://whc.unesco.org/?cid=175 (Visit time: 8/11/2021)

中国民间文化遗产抢救委员会从物质和精神两个方面出发，对"文传遗产"下了定义："人们承袭前人创造的文化或文化的产物。"[①]

西欧部分国家、政府于19世纪初期开始重视身边的文化遗产，并对其实施保护。人们的认知在历经第二次世界大战、工业革命后得以改变，也坚定了他们保护文化遗产的决心。发达国家通过立法和政府、社会的引导参与来保护文化遗产，法国、意大利都是先驱者。1902年，著名的185号令——《历史、艺术遗产保护令》拉开了世界文化遗产保护的序幕，而日本是亚洲第一位"吃螃蟹的人"，其出台了《文化财产保护法》。该制度拓展了文化遗产保护的范围，将其分为有形文化、无形文化、民俗文化、名胜史迹、纪念物、传统建筑物群、文化保存技术和埋藏文化八大类别。韩国紧随其后，在吸纳日本经验的基础上，在自己颁布的《文化财产保护法》中提及无形财产，并对其实施保护，同时有所突破。韩国的无形文化财产富有东方风味。茶道、韩服、跆拳道、食物饮品制作、陶瓷等都包含其中，强调民间技艺。联合国教科文组织在日韩两国的影响下提出了非物质文化遗产的概念，其所涵盖的保护自然是自无形文化遗产发展而来。

二、非物质文化遗产（ICH）

联合国教科文组织在1972年通过《保护世界文化和自然遗产公约》的同时提交了一份报告，报告把"无形文化"同"非物质文化遗产"等同起来，且"非物质文化"四字赫然醒目。"非物质文化遗产"亦是第一次出现在该组织的文件中。接着，1977年，该组织大刀阔斧地把"文化遗产"分为"有形"和"无形"两大类别，并于五年后，设立委员会和部门来保护民间文化。

那么到底什么是非物质文化遗产呢？虽然在1984年到1989年间，联合国教科文组织已经接受非遗的提法。但其成员国表现得不置可否，因此，在1982年墨西哥召开的世界遗产委员会会上提出，"民间文化"即是非遗；第

---

① 刘正宏：《非物质文化遗产数字化应用与教育化传承研究》，北京：中国轻工业出版社2018年版，第4页。

二十五届教科文组织大会的官方文件上,非遗又同传统文化与民间创作义同。随着时间发展,"口头遗产",即各种样式的民间文化表达,也进入了"非遗"的范畴。终至2003年,联合国教科文组织在"世界时尚艺术之都"巴黎召开了第三十二届会议。会上,《保护非物质文化遗产公约》得以通过,"非物质文化遗产"的定义也被沿用至今,它指的是我们从祖先那里继承而来并将传承给后人的传统或生活实践、表现形式等,比如口头传统、表演艺术、社会实践、仪式、重大节日、关于宇宙和自然的知识和实践、制造传统工艺品的知识和技能。

口头传统和表现形式领域是非物质文化遗产的载体之一。主要包括各种各样的口头形式:谚语、谜语、故事、童谣、传说、神话、史诗和诗歌、符咒、祷告、圣歌、歌曲、喜剧表演等。传承知识、文化、社会价值观、集体记忆是它的主要目的,也在保持文化活力上发挥了积极重要的作用。可惜的是,当一些类型的口头表达因其普及性被全部社会团体接受、使用时,部分口头表达却被局限于或许是男子或是女子或是老人这样的特定社会群体中。在许多社会里,表演口头传统是一项高度专业化的职业,社会大众也会将专业表演者视为集体记忆的守护者。这种表演者可以在全世界都能找到。众所周知,非洲的格里奥特和代利是非西方向社会诗人和说书人,但在欧洲和北美地区,口头传统也很丰富。例如美国、德国都有众多专业的说书人。因为口口相传的方式,传播的过程中难免会产生变化,故事也成了大杂烩:体裁的变化、背景的变化、表演者的转变,再加上复刻、即兴创作、创造。这使得口头表达充满活力、色彩丰富,同时也极其脆弱。①

表演艺术是指声乐、器乐、舞蹈、戏剧、哑剧、诗歌以及其他。它们涵盖了许多体现人类创造力的文化表现形式,在某种程度上,也存在于许多其他非物质文化遗产领域。音乐或许是最常见的艺术表演艺术,存在于每个社

---

① UNESCO.: "Oral traditions and expressions including language as a vehicle of the intangible cultural heritage". https://ich.unesco.org/en/oral-traditions-and-expressions-00053 (Visit time: 8/11/2021)

会中，它通常作为其他表演艺术形式和其他非物质文化遗产领域的组成部分，包括仪式、节日活动或口头传统。不管是神圣的还是世俗的，古典的还是流行的，与工作或娱乐密切相关的各类环境中都能看到音乐的身影。政治和经济也能成为影响音乐的因素。讲述一个族群的历史、歌颂一个权势滔天的人物，抑或是在经济交易活动中扮演重要角色。音乐响起的场合也可多种多样：婚礼、葬礼、仪式、加入团体（入会）、庆典、各种娱乐活动和其他的社交活动。舞蹈虽然非常复杂，但可以简单地描述为有序的身体动作，通常伴随着音乐表演。除了身体，有节奏的动作、步伐和姿势通常表达一种情绪或情感，或说明特定事件或日常行为，例如宗教舞蹈和代表狩猎、战争或繁殖活动的舞蹈。传统戏剧表演通常结合表演、歌唱、舞蹈和音乐、对话、叙述或朗诵，也可能包括木偶戏或哑剧。然而，这些艺术远远高于表演本身；它们也可能在文化和社会中扮演重要角色，比如在进行农业劳动时唱的歌或作为仪式一部分的音乐。在更亲近的环境下，比如母亲和孩子，摇篮曲经常被用来帮助婴儿入睡。在表演艺术中，例如用于舞蹈的乐器、面具、服装和其他身体装饰，以及剧院的布景和道具，这些与文化表现形式和实践相关的工具、物品、人工制品和空间都属于非物质文化遗产的范围。可随着文化习俗的标准化，许多传统习俗被抛弃。即使在它们变得更受欢迎的情况下，只有某些表达方式可能会受到重视和保护，而其他表达方式可能会被彻底遗弃。①

  社会实践、仪式、节日庆典构成了社群生活的一部分，许多成员都会参与进来并进行互动。不管是公共场合或私下活动，这类事情对于各个成员来说都具有重大意义，因为这是他们展现自己族群身份地位的活动。社交、仪式和节日庆典其实是历史长河中的记忆触发点，可以用来记录季节的流逝、农历中的重要事件又或是一个人生命中的某个阶段。这些都会影响整个群体看待世界、审视自身历史和民族记忆的眼光。社会庆典和纪念日活动有大有

---

① UNESCO.:"Performing arts (such as traditional music, dance and theatre)". https://ich.unesco.org/en/performing-arts-00054.(Visit time: 9/11/ 2021)

小，每一个活动又可再细分为多个再小的活动，但是它们之间又会有大量重叠的地方。仪式和节日庆典一般都发生在特殊的时间和地点，以此来使得群体铭记他们的历史和世界观。在某些仪式中，只有特殊的社会成员才能参与，例如成人礼和葬礼。不过就节日庆典而言，作为广大社群生活的一部分，所有的成员都可以参与进来。当然，嘉年华、迎新年、迎新春、丰收季这些节日全世界都是一样的。社会实践、仪式、节日庆典的形式也是纷繁复杂的，有很多子域，诸如祭祀仪式、成年礼、出生礼、婚礼、葬礼、效忠宣誓仪式、传统法律制度、传统游戏和体育运动、居住模式、烹饪食物的传统方法、时令仪式、男性或女性的专属实践、打猎、捕鱼、采集方式、亲属关系等。值得关注的是，身体和表情也是元素之二，特别的手势和语言、朗诵、歌曲、舞蹈、极具特色的服装、游行、祭祀的动物牲畜、特殊的食物。要想一个民族的社会实践、仪式、庆典活动都保存下来离不开族群中的参与者和从业者，但现代社会，因为移民、教育的普及化、个性化、主流社会的影响加剧以及全球化带来的其他方面的变化，族群的这些实践都在变革的漩涡里。[①]

关于宇宙和自然的知识和实践活动涵盖了本民族自古以来在与自然环境的接触中获得的知识、秘诀、技能、实践经验。对于宇宙的思考则是通过语言、口头传统、对某个地方的依恋、好感、记忆、灵性和世界观来表达的。这些知识经验又会对价值观、信仰产生影响，构成许多社会实践和文化传统的基础。反过来，上文所述亦会受制于自然环境和族群之外更广阔的的世界。传统生态知识、本地人的知识经验、关于本地动植物的知识、传统治疗术、仪式、信仰、成人礼、宇宙观、萨满教、继承典礼、社会组织、节日、语言和视觉艺术也属于该领域的子领域。传统知识和实践占据了族群文化和身份认同的核心位置，但是在全球化发展下面临严峻的威胁。虽然部分传统知识受到关注。例如科学家和公司会对当地的药物使用价值感兴趣，仍然有许多传统实践在消失。城市化的快速发展和扩张使得农业用地减少，这既给族裔

---

① UNESCO.： "Social practices, rituals and festive events". https://ich.unesco.org/en/social-practices-rituals-and-00055 (Visit time：9/11/ 2021)

赖以生存的自然环境造成了巨大影响，自然也波及了他们这方面的经验传承。土地清理导致神圣森林的消失，或者需要寻找现有建筑木材的替代物。随着原材料和植物物种的消失，气候变化、持续的森林砍伐和沙漠化对众多濒危物种影响更是雪上加霜，从而导致传统工艺和草药的衰落。[①]譬如我国的中医。它从诞生至今，发展了数千年，是人类历史上使用人数最多、理论体系最为完整、药品最为丰富的传统医学。可现代化给它带来了一些负面影响。其一是原材料的问题。中药材对每一个环节的要求都很高：不仅要考虑气候、土壤、采摘时间，还要考虑贮藏加工件条，但往往这些在城市化进程下都难能得到保证。而且药材本身也涉及濒危灭绝珍稀动物：鹿茸、虎骨、豹骨、羚羊角、麝香、穿山甲片、熊胆等。另外，因生活条件的改善，煤炭和木柴被天然气、电替代，伏龙肝（灶心土）、百草霜（灶烟煤、锅底灰）往往千金难觅。其二是中医从业者青黄不接。中医名家张晓彤坦言，平心堂的老中医们逝去之后，在现在的中医药大学里找不到继任者，没有人能补上。其三是市场。当人们生病了，除老年人和各种疑难杂症者外，多寻求西医的帮助。可见，中医行业的前景不容乐观。更有甚者指出，我们正在见证中医的消亡。幸好，中医近几年在国家的重视下，通过纪录片《千年国医》的传播，特别是屠呦呦教授获得诺贝尔奖之后，中医逐渐重新获得更多人的信赖。

　　传统工艺大概是非物质文化遗产最具体的表现形式了吧。可惜在2003年的《保护非物质文化遗产公约》里关注的是工艺作品本身而非工艺所体现出的知识和技能。与其把重心放到保护工艺品和鼓励传统手工艺人继续生产艺术品上不如授人以渔，让非遗匠人将技能和知识传授给其他人，特别是跟他同一民族的人。传统工艺有多种表现形式：工具、服饰、珠宝；节日和表演艺术的服装、道具；储存容器，用于储存、运输、和遮蔽的器物；装饰艺术和仪式用品；用于娱乐、教育活动的乐器和家具。这些物品大部分产出后只是短暂使用，比如存在为了某项节日仪式而特造的物品，还有一些是代代

---

① UNESCO: "Knowledge and practices concerning nature and the universe". https://ich.unesco.org/en/knowledge-concerning-nature-00056 (Visit time: 9/11/ 2021)

相传的传家宝。制作工艺品蕴含的技术和工艺同物品本身一样呈现多样性，从制作纸制品这类精细工艺品到制作结实的篮子、厚毯子等坚固耐用的工艺品，应有尽有。如同其他非物质文化遗产一样，全球化也为传统工艺发展带来了挑战。就大规模化生产来说，大型跨国公司或本地家庭作坊，都能以极低的时间和货币成本为代价，满足每日生活所需的商品。大多数的手艺人都逃不开这样的命运，只能努力适应，加入竞争的漩涡中。环境和气候变化是又一因素。森林砍伐和土地减少造成了重要自然资源的稀缺，甚至在当地手艺人转化为家庭作坊的地区，生产规模的增加也可能会对环境造成损害。随着社会条件、文化品味的变化，曾经节日和庆典讲究的是使用精巧的工艺品，而现在的工艺品愈加追求朴素，这让能工巧匠们没有太多的机会去表达自己。后继无人也是其中一个问题。族群里的年轻人认为学徒制太过漫长，通过这种方法来学习传统工艺要求太高，还不如去工厂或服务业找工作，其要求相对较低，工资反而较高。许多工艺传统被称为商业机密，但家里人或同社群的人对此并无兴趣，因不能违背传内不传外的惯例，它们就消亡了。[①]

  上述的"非物质"已经说明了它是与日常生活中满足人民基本生活需要的物质生产的相对概念。但非物质与物质之间的关系不是完全割裂、截然对立的，而是偏重于以非物质形态存在，有时也有物化的形式。如汉族的古琴、蒙古族的拉弦细乐器马头琴、黄梅调的演唱都需要表演者借助一定的乐器、道具、表演过程等外在的物化形式得以呈现。蕴含在物化背后的技艺、精神、思维方式才是非物质文化的范畴。

  全球化的快速发展为保存文化多样性的工作增加了困难，影响最大的当属脆弱的非物质文化遗产。因此，不同文化群体在基于彼此尊重的前提下进行交流、对话显得尤为重要。非物质文化的重要性并不在于向全世界展示自己的硕果，而是当下的我们能够从中汲取智慧和技能，以传授给下一代。从这个层面上看，不管是少数族裔抑或是主流群体、不管是发展中国家还是发

---

① UNESCO.: "Traditional craftsmanship". *https://ich.unesco.org/en/traditional-craftsmanship-00057* (Visit time: 9/11/ 2021)

达国家，它们所创造的关于传承的经济价值和社会价值都是一样的。联合国教科文组织认为非物质文化遗产具有以下几个特征：

一是非物质文化包含的时间跨度大。它包含了传统的、当代的和现代的文化。非物质文化不仅代表了从先人那里继承而来的传统还包括现在农村、城市里不同群体参与的实践活动。

二是非物质文化遗产涵盖的地域广。在生活中，一些人群的非物质文化表现形式会和其他民族、族群有共同之处。这些族群来自邻近区域，比如旁边的村庄、也可能是地球另一端的城市，还可以是外来的定居者。这类人都是非物质文化的继承者和推广者。他们把自己的知识、技能传给下一代或身边的人，也会适时根据所处环境加以变革。这些文化给与了我们的身份认同和凝聚力。让我们知道自己从哪里来，方便把个体放置于时间的坐标轴上，知晓过去，明白现在，链接未来。但是非物质文化不会产生某些实践是否特定于某一文化的问题，而是增强社会凝聚力以及帮助不同个体拥有大社区、社会归属感、身份认同责任心的推进器。

三是非物质文化遗产具有代表性、典型性。非物质文化遗产不仅仅是作为一种优秀文化，或者从比较的角度上说，不仅是因其独特性和特殊性，而是在此基础之上的蓬勃发展——通过传播，比如通过代际传播、社区传播，把传统、技能、习俗传给其他的种群。

四是非物质文化是基于社群的传播。非物质文化遗产只有被创造、保存和传播它的个人、团体、社会所认可时才能被称为遗产。否则，其他任何人都不能替他们决定既定的表现形式或实践是他们的遗产。[①]

联合国教科文组织对非物质文化遗产的定义是对全世界各国、各类样式文化的笼统性的概述，在某些方面并不与我国的现实情况相契合。作为一个积淀千年文化、幅员辽阔的统一多民族国家，我国自然不甘屈居人后，在保护文化遗产领域进行了诸多立法实践。1997年5月，为保护传统工艺美术的

---

① UNESCO.："What is Instangible Cultural Heritage？". *https://ich.unesco.org/en/what-is-intangible-heritage-00003* (Visit time：10/11/ 2021)

品种，达成增强全社会对传统文化遗产保护意识的目的，国务院颁布了《传统工艺美术保护条例》。2005年3月，《关于加强我国非物质文化遗产保护工作的意见》出台，确定了非物质文化遗产保护工作的目标、指导方针和原则。一年后的《国家级非物质文化遗产保护与管理暂行办法》对非物质文化遗产涉及的保护单位、代表性传承人和管理措施提出了具体的要求，明确了各方职责。北京奥运会同年六月，中华人民共和国文化部印发《国家级非物质文化遗产项目代表性传承人认定与管理暂行办法》，进一步细化《意见》和《办法》的内容。一系列文件的出台意味着，我国的非物质文化遗产保护工作逐步走上了法制化的道路，逐步建立起了相对完善的系统[1]。

我国有关专家在调查研究的基础上，特结合我国实情，终于2011年2月25日，众望所归的《中华人民共和国非物质文化遗产法》在第十一届全国人民代表大会常务委员会第十九次会议上通过，自2011年6月1日起正式实施。该法令对非物质文化遗产的定义为："各族人民世代相传并视为其文化遗产组成部分的各种传统文化表现形式，以及与传统文化表现形式相关的实物和场所"[2]。涵盖以下几个内容："①传统口头文学以及作为其载体的语言；②传统美术、书法、音乐、舞蹈、戏剧、曲艺和杂技；③传统技艺、医药和历法；④传统礼仪、节庆等民俗；⑤传统体育和游艺；⑥其他非物质文化遗产。属于非物质文化遗产组成部分的实物和场所，凡属文物的，适用《中华人民共和国文物保护法》的有关规定。"[3]

从以上论述来看，人们的生产和生活方式占据了非物质文化遗产的大部分，可以说它处于动态的变化之中，以传承人的口头、身授为主要传承形式。

---

[1] 王文章：《非物质文化遗产概论（修订版）》，北京：教育科学出版社2013年版，第17页。
[2] 中央政府门户网站：《中华人民共和国非物质文化遗产法（2011年2月25日第十一届全国人民代表大会常务委员会第十九次会议通过）》，http://www.gov.cn/jrzg/2011-02-26/content_1811128.htm.（访问时间：2021年11月11日）。
[3] 中央政府门户网站：《中华人民共和国非物质文化遗产法（2011年2月25日第十一届全国人民代表大会常务委员会第十九次会议通过）》，http://www.gov.cn/jrzg/2011-02-26/content_1811128.htm.（访问时间：2021年11月11日）。

如果说固定、凝滞的形态是物质文化遗产的形式，那么活动变化就是非物质文化遗产的特性，形象生动是它的本质属性。

中国研究者白云驹从广义和狭义两方面界定了非物质文化遗产概念。广义的非遗包括前人创造并遗留下来的全部口头、非物质形态的文化遗产，即包括特定的口头文化（口头遗产）还有行为文化（人体文化、传人文化）；而狭义的非遗借鉴了联合国教科文组织里边提及的保护范畴（如前所述）①。综上，非物质文化遗产的概念不是一成不变的，具备概念和对象的灵活性。

本文按照上文中《中华人民共和国非物质文化遗产法》（中华人民共和国主席令第四十二号）提及的"非物质文化遗产"概念进行定义。

三、非物质文化遗产保护

是指保持非物质文化遗产鲜活生命力的多种措施，包括确认、建档、科研、保存、保护、宣传、弘扬、传承（正规和非正规的教育）以及振兴。保护的方式则分为抢救式和开发式②。前者主要针对濒临亡佚的非遗项目，是政府资金政策支持下的，以保护非遗的原生态空间为宗旨的文物式保护。后者是指由政府给予政策支持或导向，把项目交给市场，在企业的产业运作下，拓宽非遗在当前社会背景下的生存空间，达成保护目的。利用一定媒介载体来解释、展览和传播非遗是保护的又一重要内容。

要彻底弄清非遗保护就必须明确它保护的主体是什么。非物质文化遗产的保护主体指的是"负有保护责任、从事保护工作的国际组织、各国政府相关机构、团体和社会有关部门及个人。它包括国际组织、国家政府、各级各类非物质文化遗产保护机构、社区与民众"③。

《中华人民共和国非物质文化遗产法》中明确规定了非遗保护的"三项

---

① 龚珍旭、柯小杰等主编：《非物质文化遗产概论》，北京：电子工业出版社2019年版，第31页。
② 刘艳、朱伊文：《我国非物质文化遗产保护的新举措分析》，载《兰台世界》，2013年第9期。
③ 王文章：《非物质文化遗产概论》（修订版），北京：教育科学出版社2013年版，第285页。

制度"是"调查制度、代表性项目名录制度、传承与传播制度"[①]。保护的核心是传承。要想保持非物质文化的鲜活性，传承必不可少，那非遗传承的主体是什么呢？它指"某一项非物质文化遗产的优秀传承人或传承群体，即代表某项遗产深厚的民族民间文化传统，掌握着某项非物质文化遗产的知识、技艺、技术，并且具有最高水准，具有公认的代表性、权威性与影响力的个人或群体"[②]。

非遗在现在的社会环境中受限于种种约束难以发展，而进行开发式的保护，赋予企业主导权，进行生产性保护是如今最常见、最实用的措施之一。"在具有生产性质的实践过程中，以保持非物质文化遗产的真实性、整体性和传承性为核心，以有效传承非物质文化遗产技艺为前提，借助生产、流通、销售等手段，将非物质文化遗产及其资源转化为文化产品的保护方式"[③]，这就是非物质文化遗产生产性保护的定义。该方式主要用于传统技艺、美术、医药等领域。

四、非物质文化遗产数字化保护

非物质文化遗产是全人类共同创造的文明财富，是博采众长的智慧结晶，却又各具文化特点和历史积淀。早在2005年的《国务院办公厅关于加强我国非物质文化遗产保护工作的意见》中就提倡用"文字、录音、录像、数字化多媒体等等各种方式，对非物质文化遗产进行真实、系统和全面的记录，建立档案和数据库"[④]。自此，我国非遗文化数字化保护正式启幕。日前，中共中央办公厅、国务院办公厅在《关于进一步加强非物质文化遗产保护工

[①] 中国政府网：《中华人民共和国非物质文化遗产法》，http://www.gov.cn/flfg/2011-02/25/content_1857449.htm（访问时间：2021年11月11日）。

[②] 王文章：《非物质文化遗产概论》（修订版），北京：教育科学出版社2013年版，第271页。

[③] 文化部：《文化部关于加强非物质文化遗产生产性保护的指导意见》，http://www.ihchina.cn/news_2_details/8907.html（访问时间：2021年11月11日）。

[④] 国务院办公厅：《国务院办公厅关于加强我国非物质文化遗产保护工作的意见》，http://www.gov.cn/zwgk/2005-08/15/content_21681.htm.（访问时间：2021年11月12日）。

作的意见》中鼓励"加强档案数字化建设,妥善保存相关实物、资料"[①]。足见,非物质文化遗产的数字化保护符合社会发展变化规律,是大势所趋。

非物质文化遗产数字化保护就是利用数字采集、数字存储、数字处理、数字展示、数字传播等现代科学技术,将非遗文化遗产转化、再现、复原成为具共享、再生特征,且能以新角度解读、新方式保存、新需求以利用的数字形态[②]。以数字信息技术为代表的现代化科技手段为支撑,将非物质文化遗产编程为种种数字化格式,变无形文化为有形文化,使之具有情境性、可视性。这种带有创新性的保护方式贯穿了非物质文化遗产的采风、储存、演示和传播、开发和利用等几个步骤,提供了行之有效的科学手段,给予非物质文化遗产更好的存续和保护,更重要的是让非物质文化遗产更加适应现代社会的发展变化,在难测的环境中以新的模式、新的形态生存下来,得以开发利用、展览与延续。

第二节　研究现状

数字化是对众多复杂、变化多端的信息加以编辑,转化为可用来度量的数字或数据,再加以建模,转化为计算机中所使用的二进制代码,通过计算机进行统一处理。一般说来,把这项技术用于图书馆时,就是保护文化遗产的起源。目前为止,数字化存储保护技术通过物质文化遗产、博物馆、遗址、古迹展开,也已经进入一个相对成熟的发展阶段,而非物质文化遗产在这方面涉猎到的却相对较少,几乎凤毛麟角,且往往围绕于民俗、文化遗产、传统知识艺术等拓展。可以说,国内外主体研究进度相差无几,硬要比较一二,那美国因其地处信息技术发展前端有些许优势,将数字化用于自身历史文化资

[①] 国务院:中共中央办公厅国务院办公厅印发《关于进一步加强非物质文化遗产保护工作的意见》,http://www.gov.cn/gongbao/content/2021/content_5633447.htm(访问时间:2021年11月12日)。

[②] 王耀希:《民族文化遗产数字化》,北京:人民出版社2009年版,第8页。

源的储存、保护研究和实践都开始较早,对于我国而言,虽然研究角度和对象存在部分差异性,但仍有值得或借鉴、或深入研讨、或提供思路的地方。

一、国外相关研究现状

本研究通过搜索欧洲学位论文库、Socolar、Blackwell 电子期刊等资料库,对"ICH 数字化保护""数据库""文化遗产"等关键词进行检索,对资料进行搜集整理。

总的说来,国外的非遗领域十分注重保护的数字化和归档的科学化。如前所述,与我们隔海相望的日本在《文化遗产保护法》里已经确立了 ICH 的记录保存制度[1]。日本科研人员对奥兹地区的狮子舞进行了数字化保护[2],还利用人机工程学技术,捕捉记录冲绳民间舞蹈[3]。二十世纪六十年代开始,法国就着手进行文化普查,并且把调查结果汇编成集、加以出版,人们可以通过关键词索引进行查询[4]。面对老化的录音资料,美国在 1976 年成立了"民俗保护中心",将数字化应用于民俗资料的存储和保护[5]。被誉为"音乐界的哈佛大学"——美国印第安纳大学(Indiana University)的传统音乐档案馆自 1953 年起存放有超过 110,000 张唱片,包括 3300 多个现场收藏[6],它先与哈佛大学世界音乐档案馆合作利用数字音频对音乐档案进行保护,后利用美国国家人文基金会的资助开展"Sound Directions"项目[7]。该项目在当

---

[1] 苑利:《日本文化遗产保护运动的历史和今天》,载《西北民族研究》,2004 年第 2 期。
[2] 黄亚南、孙守迁等:《体育文化遗产数字化保护研究与应用》,载《体育科学》,2007 年第 3 期。
[3] Marcia Riley, Ales Ude, Christopher G. Atkeson: "Methods for Motion Generation and Interaction with a Humanoid Robot: Case Studies of Dancing and Catching", AAAI and CMU Workshop on Interactive Robotics and Entertainmant, April, 2000.
[4] 顾军、苑利:《法国文化遗产大普查给我们带来的启示》,载《光明日报》,2005 年 6 月 3 日。
[5] The Library of Congress: "About the American Folklife Center". https://www.loc.gov/folklife/aboutafc.html (visit time: 13/11/2021)
[6] Indiana University Bloomington. Archives of Traditional Music. https://libraries.indiana.edu/archives-traditional-music (visit time: 13/11/2021)
[7] [美]阿兰·伯德特:《传统音乐档案的介质保护及其协作策略》,郭翠潇编译,载《民间文化论坛》,2015 年第 6 期。

时被认为是音频保存的最佳实践，不仅叙述了保护的相关理论知识，还针对诸如音频工程师、数字图书馆雇员、其他技术人员等该领域涉及的相关人员推荐技术实践，同时总结发现经验，寻求在世界范围内推广[①]。欧盟文化遗产在线（European Cultural Heritage Online，简称ECHO）目前采集了95个学科和专题领域的起源内容，尤其是历史学科；有超过206，600个编目文件；超过890，000个历史文化资源文件和人工艺术品的高分辨率图片；超过240个科学素材的电影序列；超过57，500个多语言的全文手抄稿[②]。其目的在于利用新兴媒体技术助力档案保存，进行学术、教育方向的探索，实现全人类文化遗产的共享、公众分配等。其工程技术原理（1-1）现阶段工作流程（1-2）、下一步工作流程（1-3）以及未来工作流程（1-4）如图所示：

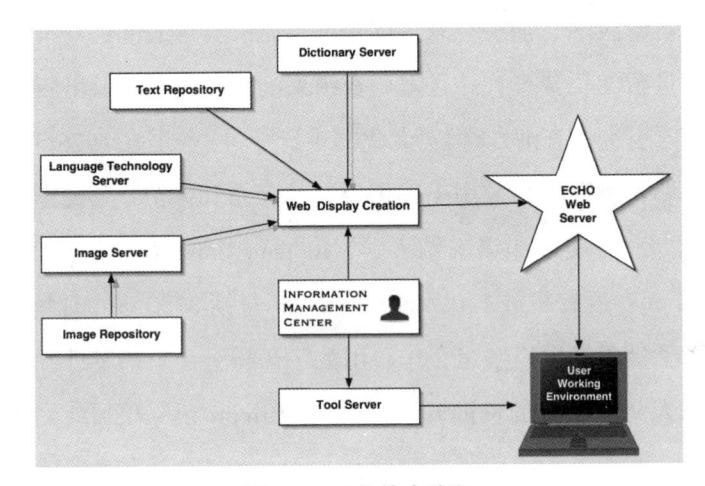

图1-1　工作技术流程

资料来源：欧盟文化遗产在线

---

① Indiana University Digital Library Program :"Sound Directions: Best Practices for Audio Preservation".http://www.dlib.indiana.edu/projects/sounddirections/papersPresent/index.shtml (visit time：13/11/ 2021)。

② 欧盟文化遗产在线："Available in ECHO.".https://echo.mpiwg-berlin.mpg.de/home/project (visit time：13/11/ 2021)。

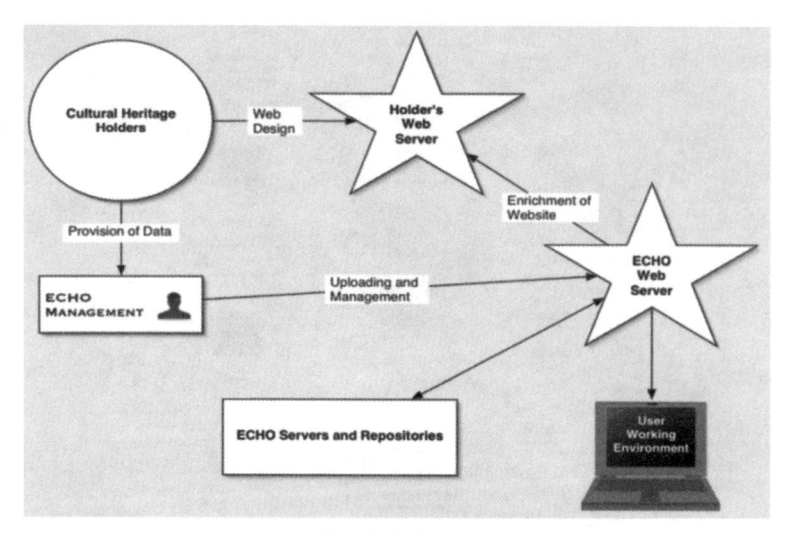

图1-2 现阶段工作流程

资料来源：欧盟文化遗产在线

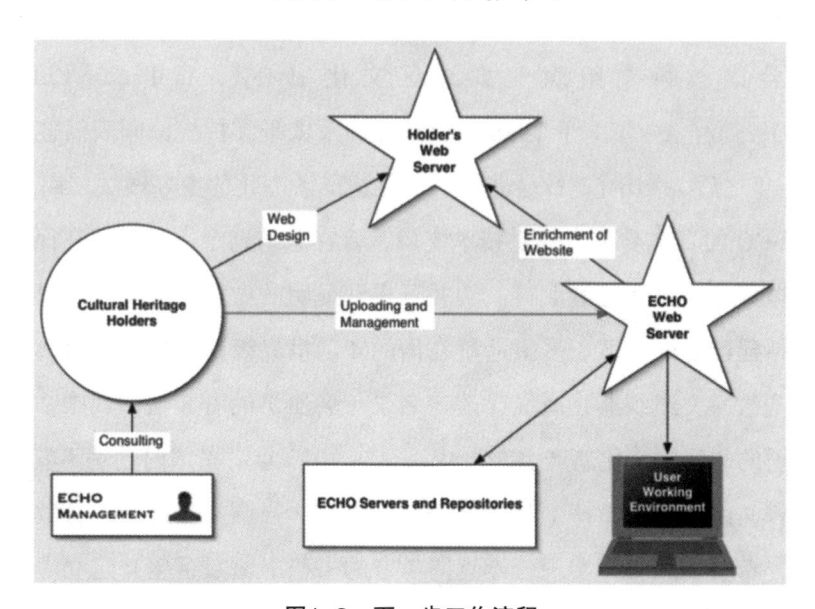

图1-3 下一步工作流程

资料来源：欧盟文化遗产在线

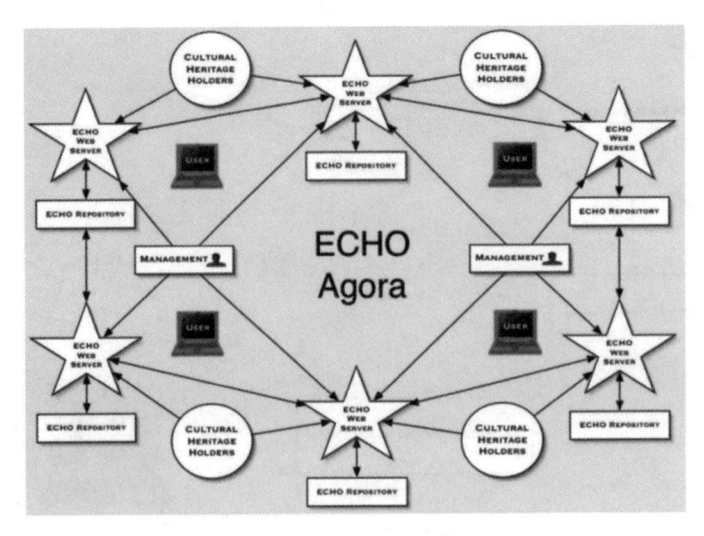

图1-4 未来工作流程

资料来源：欧盟文化遗产在线

联合国教科文组织亚太地区文化中心（Asia-Pacific Culture for UNESCO，简称ACCU）于1998年启动亚洲及太平洋传统民间表演艺术数据库[①]，十年之后，推出了"社会非物质文化遗产活态化的更好做法二期工程"，由UNESCO的日本委员会提供技术支持，旨在总结确定迄今为止在保持非遗活力、振兴非遗方面已经取得成功并且得到证明的做法和经验。马里共和国共有包括廷巴克图古城、多贡遗迹在内的4项世界级别的遗产，目前已经列入联合国教科文组织非物质文化遗产名录（名册）的有8项，其中2项列于急需保护的非物质文化遗产名录[②]中。早在2013年马里国内动荡不安时，联合国教科文组织就在微博上呼吁保护马里财产，强调文化遗产的易破坏性和重要性，希望在战火下实现廷巴克图学者的书稿书籍数字化并建立虚拟图书馆[③]。总之，国外的ICH保护措施具化时，最突出的共同点则是重视现代技

---

① ACCU.: "History of ACCU". https://www.accu.or.jp/en/.（visit time：13/11/ 2021）。
② 中国非物质文化遗产网：《名录搜索》，http://www.ihchina.cn/minglu_search/sel_way/0/sel_year/0/sel_country/990279/keyword/0/sel_type/0#target（访问时间：2021年11月14日）。
③ 联合国教科文组织：《保护马里财产》，https://s.weibo.com/weibo?q=%E4%BF%9D%E6%8A%A4%E9%A9%AC%E9%87%8C%E9%81%97%E4%BA%A7（访问时间：2021年11月14日）。

术的运用，利用其为文化遗产的保存、传播和研究提供便利条件。

接下来主要论述各国的研究实践做法。首先，对研究而言，对ICH的资料、实体物品搜集、应用数字化手段加以存储和共享在总体上看仍属于探索期，众多科研都是以某个区域、某种非遗项目的案例讨论为主，重点关注保护的整体性、存储的长期性、资源的形态化等现实性问题。另外，对实践而言，目前各个国家的步调是不一致的，对于ICH领域的数字化资源重组整合程度各有差异。就研究国家而言，美国最为出彩，对其民俗中心（The American Folklife Center）、"美国记忆"（American Memory）等均有初步涉猎；有的青睐于寻找案例丰富的，如地方政府、大学科研机构图书馆、档案馆、博物馆等特定场所，对其进行数字化馆藏资源实践研究；其他学者着眼于各类样式的地域、行业，或跨地域、跨行业的重组数字资源案例研究。

（一）数字化存储、登录访问是美国研究的重点

美国民俗中心是美国国会在1976年拟通过科研、文献、档案保存、咨询服务、真实演示、展览、出版和培训等项目来实现"保存并展示美国民俗"的目的而成立的机构。它的目的是不断收集和记录美国现有的、活的传统文化，为未来最为先进的国会图书馆提供精妙绝伦的艺术藏品。此外，隶属于美国国会图书馆音乐部门的美国民俗档案中心成立于1928年，它是迄今为止全美乃至全球最大的、拥有民族志资料最多的机构之一，囊括了自十九世纪始到现在记录的数百万项人种学等历史文献。这些收藏包括传统艺术、文化表达和口述历史的大量视听文献，研究人员可以接触到不同民族、地域的人们的歌曲、故事和其他创造性表达[1]，为研究提供了素材。民俗中心最核心的工作就是利用数字化存储民俗资料，进行访问网页、管理档案等研究。因其开始较早，已然历经了一个相对较长的过程，加之以保护民俗为目的的视野，其对数字化技术的重视已经达到了一个质的程度。

享誉国际的"美国记忆"计划由美国国会图书馆于1990年制定。通过网络，

---

[1] The Library of Congress: "About the American Folklife Center". https://www.loc.gov/folklife/aboutafc.html.(visit time：15/11/ 2021)。

人们可以下载获取日记、报纸等书面文字、口头文字、录音、静动态图像、文献、地图、乐谱等代表美国历史和人类创造的数字记录藏品。如今,它已拥有533,352个条目,可以在网上查看的有515,180个词条,人们可以根据需要,获取如照片、印刷品、图画、地图、乐谱、手稿、书面或口头文字、期刊、电影、视频、录音等与美国历史息息相关的数字记录[1]。按照题材、格式等,这些资源已被编目为成百上千个专题,并且每个专题都附有功能设计的说明文字,帮助浏览者进行检索或使用。检索设计上,也分为单独检索和多项集合检索。在访问设计上亦有多重选项可供选择,若有疑问,还可以寻求帮助,比如向图书馆研究咨询员咨询。问问题也可分为专业问题、普通问题等。简单说,"美国记忆"是资源数字化在历史文化记忆视角下的最优探索。

（二）数字化与田野调查的巧妙融合

将数字化用于调研、记录、存储和展示的保护过程富有学术和实践价值。在美国民俗田野调查的规范指南中,部分阶段用到了数字化的内容:

1. 规划阶段

合作双方数字技术能力的保障是必不可少的。田野实地调查到的原材料和最终的研究结果首先需要很大的存储量作为基本条件,其次,数据材料的维护、为他人提供网站访问的可能及持续性也要以技术能力作为支持,如合伙人必须具备出版音视频成片、平台广播、多格式媒体文件、建立网站等能力。当然,最关键的一环是田野工作者不仅是一手材料的获得者,也是原始材料的保管人,理应确保原始材料和数字化后材料的安全性和长期使用的可能性,尤其是随数字化时代的演进,个人客户端和网络云盘服务已经取代了文件柜式的保存方式。在具有以上能力的条件下,合伙人还得有保存资料的责任心,随时关注该领域的先进经验与做法。并且,需意识到设备技术更新可能带来的影响。这是一个长期的耗费财力、物力、人力的过程。参与其中的人员需

---

[1] Library of Congress: "American Memory". *https://www.loc.gov/search/?all=true&fa=partof: american+memory* (visit time: 15/11/ 2021)。

要具备基本的技术能力素养，也该学会对各方面、各环节进行合理评估。

2. 田野实践阶段

在指南中，着重强调了记录的内容、对受访者和项目的核心的保护、项目参与者的意见和思考、视频拍摄的条件等问题。音视频的主要功能是呈现田野调查项目的主旨、受访人的中心观点。譬如，"路易斯安那州之声"网站，实地调查文件、日记、手抄本、田野调查的笔记等资源例子都纳入其间。又如马萨诸塞州的民俗中心收集了丰富多样的传统民俗资源，该州 1987 年到 1988 年，在马萨诸塞州艺术和人文委员会的支持下，与美国民俗中心和洛厄尔历史保护协会一同合作了"洛厄尔民俗项目"，记录了当代民族社区、职业以及与马萨诸赛州洛厄尔市工业化历史相关的社区生活。此项目为期一年的研究共收集了 196 个小时的音频记录，涵盖了众多题材和活动，包括口头历史访谈、宗教仪式和节日、音乐活动、游行、民族餐馆和周边游；另外 23 小时的音乐活动录音和口述历史访谈是从洛厄尔居民的保存原件中复制而来的；收集的材料还包括信件、现场记录、问卷调查、邻域地图、报告、出版物、行政档案、访谈记录、黑白照片、约 10,000 张底片、约 3500 张彩色幻灯片和印刷品。本次调研的绝大部分录音和照片都已数字化，进入网上展示阶段，选定的资料包括现场工作人员创建的如音频、照片、日志、现场笔记、最终报告等材料。整个项目的索引都可在网上浏览[①]。

3. 公开资源阶段

指南还从伦理责任的角度强调了知识产权的问题。资料、知识、故事的公布必须征得所有权人的同意。在提供给个体的知识产权手册上详细介绍了知识产权（intellectual property，以下简称 IP）的使用问题，传统知识（Traditional Knowledge，简称 TK）保护、传统文化表现形式（Traditional Cultural Expressions，简称 TCEs）的政策、法规机制也在其中，以免资源被盗用或滥用，共享了传统文化 IP 开发的实用工具。成立于 1967 年的世界知

---

① Library of Congress: "American Folklife Center Collections: Massachusetts". https://guides.loc.gov/massachusetts-folklife (visit time: 15/11/ 2021).

识产权组织（World Intellectual Property Organization，WIPO）在全球范围内提供民俗项目、档案等数字化的与IP有关的帮助[①]。

（三）数字化保护的理念应在文化遗产保护中占有一席之地

美国学者Toler-Frankln主张通过多通道图像、引进2D技术以获取高分辨率的物体色彩和法线贴图来对文化遗产中的模型文物进行匹配、归档，使其可视化，重现较为复杂的几何物体[②]。意大利不仅数字化复原了古罗马大剧院[③]，学者Marcello Carrozzino和其他科研人员还一起研发了三维虚拟交互系统，对美术手工艺品、雕刻等传统工艺进行数字化演示和示范性教学，成效显著[④]。澳大利亚著名的数字艺术、视觉艺术互动设计中心——ACID（Australasian CRC for Interaction Design Pty Ltd）对200多年前的悉尼港口进行了数字复原，再现了当时的环境和习俗[⑤]。由上可知，现有研究多把地域文化、物质文化遗产的整体数字化保护作为重点研究领域，以探讨地域有形与无形文化的紧密黏合性和历史价值性，因此相对来说，专门研究非遗的较少。但在2008年，美国特拉华大学的教授昌德拉·茹迪（Chandra Reedy）就谈及了无形文化的数据应与物质文化协同保存[⑥]。

WIPO下属有一个关于知识产权与遗传资源、传统知识、民间文学艺术的政府间委员会（Intergovernmental Committee，简称IGC），它的研究对象

[①] WIPO. "What is WIPO". https://www.wipo.int/about-wipo/en/#. (visit time: 15/11/ 2021)。

[②] Corey Toler-Franklin, *Matching archving and visualizing cultural heritage artifacts using-multi-channel images*, Princeton :Princeton University , May 2011.

[③] D.Thalmann, R Cetre, B Ulicny, P. de Heras Ciechomski, M. Clavien, "Creating a Virtual Audience for the Heritage of Ancient Theatres and Odea", *Computer Science*, 2004.

[④] Marcello Carrozzino, Alessandra Scucces, Rosario Leonardi, "Virually preserving the intangible heritage of artistic handicraft", *Journal of Cultural Heritage*, Volume 12, Issue 1, March 2011, pp.199-215.

[⑤] Yehuda E.Kalay, Thomas Kvan, Janice Affleck , *New Heritage*: *New Media and Cultural Heritage*, NewYork:Taylor&Francis Classics,2007, pp.320.

[⑥] Chandra Reedy, "Recent Tends in Preservation of Intangible Culture Heritage. Laboratory for Analysis of Cultural Materials", *University of Delaware*, May 2008.

为传统知识（TK）、传统文化表现形式（TCEs）和遗传资源（GRs）[①]。传统知识是在一个族群内，一代一代发展、维持和传承的知识、诀窍、技能和做法，它往往构成其文化或精神特征的一部分。但这个概念在国际上未能达成共识，所以它可以从两个方面进行理解。从广义上讲，它包括知识本身的内容以及传统文化表达，比如与传统知识相关的独特标志和符号。从狭义上讲就是与知识相连，尤其是传统背景下智力活动产生的知识，包括专有知识、实践、技能和创新。传统知识和人类生活活动的方方面面相连，包括：农业、科学、技术、生态和医药知识以及与生物多样性有关的知识[②]；传统文化表现形式又被称为民间文学艺术表达，音乐、舞蹈、艺术、设计、名称、标志和符号、表演、仪式、建筑形式、手工艺术和叙事，或者其他艺术和文化的多种表达都属于其范畴，它可以被视为传统文化的表现形式，也可以是构成传统或本地族群特性和传承的一部分，还具有代际传承的特征。总之，它是当地社群文化和社会特征的组成部分，体现了专门的知识、技能，传播了核心的价值观和信仰[③]；遗传资源是指基因和其他生物资源，自IP制度在二十世纪七十年代中期开始保护现代生命科学的创新以来，遗传资源就构成了IP保护的特有主题。微生物、植物属、动物属、遗传序列、核苷酸和氨基酸系列信息、性状分子、质粒和载体都属于此类别[④]。

由上可知，传统知识和传统文化表现形式的内容与ICH的含义基本相对。在过去的时间里，该组织已经制定了一系列的措施和建议来保护传统知识和传统文化表现形式，尤其是把眼光转移到了数据库上。

---

① WIPO.: "Intergovernmental Committee (IGC)". https://www.wipo.int/tk/en/igc/（visit time: 21/11/ 2021）。

② WIPO.: "Traditional Knowledge". https://www.wipo.int/tk/en/tk/.（visit time: 21/11/ 2021）。

③ WIPO.: "Traditional Cultural Expressions". https://www.wipo.int/tk/en/folklore/.（visit time: 21/11/ 2021）。

④ WIPO, "Genetic Resources". https://www.wipo.int/tk/en/genetic/.（visit time: 21/11/ 2021）。

（四）民俗资源数字化分类

美国民俗中心不仅对自身的资源进行了数字化记录、管理和保存，还对其进行分门别类，比如将其分为美国国家项目调研报告、民间音乐和歌曲、故事及其他叙事、舞蹈、物质文化、社区生活及庆祝活动[①]。

（五）利用数字化技术记录口述历史愈加成熟

口述历史是保护ICH的常规手段。数字录音设备、数字音视频储存、访问技术是部分美国大学和各州民俗中心的研究和实践热点。

1. 数字化技术用来记录口述历史是历史的必然

美国口述历史协会（Oral History Association，简称OHA）成立于1966年，致力于发掘口述历史的价值。早在20世纪90年代，该组织就意识到了数字革命带来的改变，因此，面对新形势、新局面，委员会起草了新的指导方针，并在1998年的OHA会议上通过。不久后，"数字时代口述历史项目"（Oral History in the Digital Age Project，简称OHDA）应运而生。该项目是探索数字时代口述历史的最佳实践，强调口述历史轨迹的收集、策划和传播阶段，尤其关注技术、知识产权和数字视频。这个项目的参与者有密歇根州立大学人文艺术、文学和社会科学在线中心，口述历史协会，国会图书馆下属的美国民俗中心，史密森民俗和文化遗产中心以及肯塔基大学图书馆口述历史的鲁伊·B·纽恩中心[②]。数字口述历史工作室（Digital Oral History Workshop）认为数字化技术贯穿于口述历史收集和管理的全过程[③]。

2. 社会发展对记录口述历史的技术提出更高要求

贝勒大学口述历史研究协会（Baylor University Institute for Oral History）认为数字化手段可以让世界范围内的听众听到口述历史记录。数字化记录可以复制、转化为其他格式以及进行无明显音质损坏的编辑。软件程序具有将

---

① *The Library of Congress*: "The American Folklife Center". https://www.loc.gov/folklife/index.html.（visit time：21/11/ 2021）。

② *Oral History in the Digital Age*: "The Oral History Review". http://ohda.matrix.msu.edu/（visit time：21/11/ 2021）。

③ 杨红：《非物质文化遗产数字化研究》，北京：社会科学文献出版社2014年版，第36页。

元数据附加到数字录音、提供版权、所有权和上下文信息的功能，还可以帮忙转录，用脚踏板电脑按键来控制音频播放[①]。研究者们认为使用数字媒体有许多益处。从记录来说，可以使数据轻松传输到计算机等数字存储介质进行存储。目前，为保持数据的无损音质音量，存储卡上的每1GB空间可容纳量为3小时13分钟16位、44.1kHz质量的未压缩单声道PCM WAV文件。随着时间的推移，高容量、低价格、高品质的存储介质需要不断更新。此外，为了保持音频文件大小可管理，并有助于将文件传输到其他媒体格式进行存储和访问，自动跟踪功能和短时间内自动将音频录制分为两部分指定大小音轨的功能需要增加到录音机上。从保存上说，采访资料的保存和保护要求以多种媒体格式、多个安全位置来存储音频文件，口述历史一般会存储到四个以上的独立介质里。首先，未经编辑的原始录音需要从存储卡传到计算机硬盘里。那么就要求硬盘足够大，并且需要定期备份。其次，远程硬盘驱动器也很重要。把文件存到其他拥有足够容量、能够频繁访问且分布于不同物理位置的计算机硬盘里。是否采用外部固态硬盘进行长期数字存储也是值得考量的一点，因为它们没有需要监控或维护的机械部件，容量高，价格较低。当下，网络云盘也是选择之一。在线资源较易获得、使用，性价比高，可是要考虑网络安全问题。国家档案馆和记录管理局也是存护途径之一，虽然它还未发布原始电子音频记录的标准，但已经在考虑传输和存放CD-ROM格式的电子文件的可能性。可CD-ROM格式是不稳定的，只能在除安全硬盘驱动器之外使用，一旦音频文件在至少四个其他位置得到保护，可以重新格式化存储卡并重新使用它进行录制[②]。

3. 口述历史的设备更新速率加快

数字技术提高了口述史学家的工作效率，新设备和格式的快速发展要求口述历史学家面对不断变化的趋势保持警觉性。网络的发展、OHDA项目的

[①] *Baylor University*: "Choosing digital recorders". *https://www.baylor.edu/content/services/document.php/66424.pdf*（visit time：22/11/ 2021）。

[②] *Baylor University*: "Using digital media". *https://www.baylor.edu/content/services/document.php/66425.pdf*（visit time：22/11/ 2021）。

展开，为研究提供了最新的信息，亦使当地的口述历史便于收集、策划和传播。"工欲善其事，必先利其器"，找到一个合适的记录设备是研究过程中最困难、最关键的一步。贝勒大学的口述历史研究所还针对如何选择记录历史数字录音机的问题提出了建议①。如果想要了解在数字化时代，购买到最先进、最时髦、保存性能最好的口述历史记录设备和麦克风设备，只需要登录 OHDA 的网址，找到智能服务"Ask Doung"，在左边填写用户需求，右边就能显示最优选择②。

（六）利用数字化保存研究经验助力 ICH 资源保存

部分学者认为联合国保护遗产公约的完整性需要以广义上的数字遗产的长期保存为前提③；有的学者建议借鉴有形遗产的管理方式来保护 ICH，譬如探索数字资源长期保存的领域④；有的学者另辟蹊径，从全球化信息管理的角度，研究 ICH 数字资源的长期保存问题⑤。

ICH 的可持续发展，离不开数字资源的长期存储和保护。数字保存既是指一系列必要的管理活动，以确保在任何需要的时候能够访问、获取到数字资源，也指在遇到例如介质限制、技术设备故障和社会组织变革等突发情况下仍能够获取数字资源的种种措施和行为⑥。简单说，存蓄和提取资源的长期性是其本质。但其物理存蓄的稳定性因信息技术更新换代的速率过快、

---

① *Baylor University*: "Choosing digital recorders". *https://www.baylor.edu/content/services/document.php/66424.pdf*（visit time：22/11/ 2021）。

② *OHDA.*: "Ask Doug". *http://ohda.matrix.msu.edu/askdoug/.*（visit time：22/11/ 2021）。

③ *YOLA DE LUSENET*,"Tending the Garden or Harvesting the Fields:Digital Preservation and the UNESCO Charter on the Preservation of the Digital Heritage", *Library Trends*, Volume 56, Number 1, Summer 2007，pp.164-182.

④ *YOLA DE LUSENET*, 2007："Tending the Garden or Harvesting the Fields:Digital Preservation and the UNESCO Charter on the Preservation of the Digital Heritage"，, *Library Trends*, Volume 56, Number 1, Summer 2007，pp.164-182.

⑤ Stephens, David, O., "Digital Preservation: A Global Information Management Problem", *Information Management Journal*, *Volume*. 34 Issue 3, July 2000, p68-71.

⑥ *Digital Preservation Coaliton*: "What is digital preservation". *https://www.dpconline.org/digipres/what-is-digipres*（visit time：23/11/ 2021）。

硬软件老化淘汰的不可预估性而大打折扣。根据学者对南非27所高校进行的调研发现，绝大多数高校图书馆正在采用最新技术来保存其数字资源。DSpace、E-print、ETD、Digital Commons、LOCKSS、DigiTool、Content DM and Archive-IT被认为是最常用的保存技术。研究表明：数字资源进行保存时，除了考量系统和档案标准的兼容性外，还需注意技术的变化，以便根据需要继续将资源迁移到更新的平台，以免技术过时[①]。

此外，还应注意到ICH数字资源存放和保护又与其他一般的数字资源不同。ICH数字资源的保护由于涉及知识产权和高保密性等问题，它的访问性和开放性较之图书资源访问授权应更加的严格，即使是已经订阅、购买的单位和个人想获取资源时，也须进行在线认证，再获得授权范围内的数字资源。另外，基于资源保存的安全性，ICH数据库资源的架构设计理应把操作系统和存放系统分开。

（七）数字资源保存的标准处于不断发展中

美国政府在2007年为收集、归档、存蓄数字内容成立了专门的静止图像数字化小组和音视频数字化小组。前者是以文本（书籍、手稿、地图、摄影照片、图片）为研究对象；后者以视频、声音、电影胶片类的动态图像为研究对象。该项目小组制定了相关指南体系，对资源的格式、类别、内容等进行了严格的划分。而美国国会图书馆的数字资源档案则使用了文化遗产的基本术语。

世界发达国家在文化遗产数字化领域发展迅速，在非物质文化遗产领域应用地也较为广泛，且技术较为成熟，从理论、技术、管理等方面对我国的ICH数字化保存和发展都有借鉴意义。

---

① MASENYA, Tlou M. y NGULUBE, Patrick, "Digital preservation systems and technologies in South African acade-mic libraries", SA Journal of Information Management, Vol.23, No.1, January 2021, pp.1-11.

二、国内相关研究现状

截至 2021 年 12 月 2 日，笔者以"非物质文化遗产"为关键词共搜索到 43，922 条相关记录；以"非物质文化遗产保护"为关键词，共搜到 18，969 条结果；以"非物质文化遗产数字化"为关键词共寻到 870 条结果；以"非物质文化遗产数字化保护"为关键词在中国知网搜索，共搜到 497 条记录，以应用研究和技术研究为主，包括 240 条"非物质文化遗产"有关的记录，216 条"数字化保护"有关的记录。最早于 2005 年出现了一篇论文，接着以逐年递增的方式成为研究热点，在 2018 年和 2020 年达到了顶峰，近一年呈平稳态势。笔者又在万方数据库，同样以"非物质文化遗产数字化保护"为关键词进行搜索，共寻到 1767 条记录，其中期刊论文占到了 74.4%；在维普网站，搜寻到相关文献 748 篇。出版的相关书籍很少，只有零星的、相关的不到 10 本的数量，大多是近几年才面世的，且还有学位论文掺杂其间，如杨红的《非物质文化遗产数字化研究》、夏三鳌的《非物质文化遗产数字化研究——以女书为例》、余日季的《AR 技术与非物质文化遗产数字化开发》、刘正宏的《非物质文化遗产数字化应用于教育化传承》。对所有网站和书籍的研究态势表明，非物质文化遗产数字化保护依然有很大的研究空间，深受研究者的青睐。

主要研究视角、观点如下：

（一）概述性的科研

部分学者以 ICH 数字化保护、博物馆为研究对象，开展理念化的研究，初步梳理了定义、功能、价值、现状、管理和中外科研实况等。浙江师范大学张妮佳利用浙江省现有的 ICH 数字博物馆的开发和应用实践为对象，缕析了教育领域下数字博物馆开发应用问题[①]。王建明、王数斌等人从提出保护策略出发，利用数字技术建立 ICH 资源库、博物馆，进行叙事记录，还通过

---

① 张佳妮：《数字博物馆的开发与教育应用研究——以浙江非物质文化遗产数字化博物馆为例》，浙江师范大学硕士论文，2007。

计算机动画和 VR 模拟 ICH 等[1]。谭必勇等人从技术、文化、制度三个维度解读了国内外 ICH 数字化研究体系并提出了建议[2]。国内外的 ICH 数字化保护异中有同，别具风格：技术驱动的开端、政府的有益引导是同；管理、投入、保护、保障是异，以此催生的力量成为各国数字化文化资源发展的推进器[3]。学者彭冬梅等人以两所学校间的合作项目为契机，肯定了中华民族进行 ICH 数字化保护的价值意义和迫切性。[4] 雷国洪认为建设文化资源管理方式数据库本身就是 ICH 保护的最重要的议题[5]。张小芳以图书馆为媒介，分析了其对 ICH 进行数字化保护的可行性[6]。黄永林、谈国新从数字化采集和存储技术、数字化复原和再现技术、数字化展示与传播技术、VR 技术四个维度强调了 ICH 保护和传承的重要性，并在处理好数字化技术与文化生态、多学科、人才培养、文化产业的关系的同时，从六个方面对 ICH 进行数字化开发[7]。汪淳分析了当下社会中 ICH 保护的重要意义以及其面临的主要问题，提出数字化手段利于 ICH 的延续[8]。柴金娣先梳理了 ICH 和数字化保护的定义、意蕴，又指出了在采用数字化保护 ICH 的过程中存在些许问题，影响了 ICH 保护的效果和质量，着眼于方式方法的探讨[9]。王智民谈及了 ICH 数字

---

[1] 王建明、王数斌、陈仕品：《基于数字技术的非物质文化遗产保护策略研究》，载《软件导刊》，2011 年第 8 期，第 49-51 页。

[2] 谭必勇、徐拥军、张莹：《技术·文化·制度：非物质文化遗产数字化研究述评》，载《浙江档案》，2011 年第 6 期，第 30-33 页。

[3] 谭必勇、徐拥军、张莹：《技术·文化·制度：非物质文化遗产数字化研究述评》，载《浙江档案》，2011 年第 6 期，第 30-33 页。

[4] 彭冬梅、潘鲁生、孙守迁：《数字化保护——非物质文化遗产保护的新手段》，载《中国书画》，2006 年第 4 期，第 193-195 页。

[5] 雷国洪：《非物质文化遗产资源数据库建构：意义、研究现状及存在的问题》，载《三峡文化研究（丛刊）》，2009 年第 1 期，第 528-538 页。

[6] 张小芳：《图书馆数字化保护非物质文化遗产探析》，载《图书馆学刊》，2020 年第 9 期，第 44-46 页。

[7] 黄永林、谈国新：《中国非物质文化遗产数字化保护与开发研究》，载《华中师范大学学报（人文社会科学版）》，2012 年第 2 期，第 49-55 页。

[8] 汪淳：《非物质文化遗产的数字化保护》，载《中国民族博览》，2020 年第 18 期，第 73-74 页。

[9] 柴金娣：《非物质文化遗产保护面临的困境及应对策略》，载《智库时代》，2018 年 49 期，第 108-109 页。

化保护的特点，还建议从应用策略出发保证ICH的传承[①]。殷健认为虽然我国的ICH保护起步较晚，但仍取得不少成绩，同时在地方特色、活态传承、数字化应用技术等方面有所欠缺[②]。谷爱国、刘惊雷分析了利用高校图书馆建设的传统文化特色数据库推动非物质文化遗产保护、展示、宣传、研究的可行性，完成育人的培养目标[③]。陈菲菲直接从传承的角度切入，说明了数字化技术应用在ICH保护上的现状、优势、可行性和必要性，也提出了相应的问题及策略[④]。李静雨认可对数字化对于ICH保护的重要性，并对数字技术进行了科学分类[⑤]。万鹏远根据遗传文化的类别，对保护法进行划分以选择保存方式，倡导用综合性的应用手段来保护ICH[⑥]。

（二）针对一种类属或项目展开的ICH数字化保护科研

高琪云、徐清晨认为高平刺绣无法适应现代需求和审美发展，存在发展困境，亟须数字化技术的介入，打破时空的局限性，完成可持续发展[⑦]。浙江大学彭冬梅套用了框架I空间（I-space）模型，梳理了ICH保护的现状和对文化遗产实施数字化技术的现状，选取剪纸为切入点，提出挖掘基础元素，创建数字化符号库的观点[⑧]。朱熔、国成鑫选取形式丰富多样、地域色彩浓厚的草编作为研究对象，倡导"互联网+"的形式销售草编，在课堂里加入草编课程促进其创新发展，又以长白山乌拉草编技艺非物质文化遗产传承人

---

① 王智民：《非物质文化遗产数字化保护及其应用分析》，载《文物鉴定与鉴赏》，2020年第12期，第82-84页。

② 殷健：《非物质文化遗产数字化保护研究》，载《大观》，2021年第2期，第91-92页。

③ 谷爱国、刘惊雷：《高校图书馆助推非物质文化遗产进校园的思考》，载《滨州学院学报》，2020年第3期，第93-96页。

④ 陈菲菲：《非物质文化遗产数字化传承策略研究》，载《今古文创》，2020年第39期，第47-48页。

⑤ 李静雨：《数字化之下的非遗保护策略》，载《广州城市职业学院学报》，2021第1期，第43-46页。

⑥ 万鹏远：《中国非物质文化遗产数字化保护与开发分析》，载《天工》，2020年第6期，第26-27页。

⑦ 高琪云，徐清晨：《高平刺绣的数字化保护与传承路径探析》，载《纺织报告》，2021年第9期，第123-124页。

⑧ 彭冬梅：《面向剪纸艺术的非物质文化遗产数字化保护技术》，浙江大学，2008。

万莉梅为范例建议重视非遗传承人的培育，最后建议用纪录片的形式延续草编的技艺[1]。刘淑强、张瑶、张洁对潞绸的兴起、发展和衰落进行了概括性阐述，深入分析了其文化底蕴，要求使用数字化手段对潞绸的形制、色彩信息进行采集，建立数据库和数字化博物馆，扩大潞绸文化影响力[2]。严令耕提出由于缺乏核心技术、法律保障，我国的中医药非物质文化遗产保护处于困境之中，只有建立数字化体系、采集标准、展示和传播平台等才能建构起价值链[3]。王波把目光放在了为布依族的ICH的传承设计一个数字化保护系统上，他认为只有这样才能为其在未来社会争得更多生机[4]。邓抒扬、许旸极力支持把数字化技术运用到雕版印刷保存上，如建立永久数字档案，利用计算机辅助、三维建模、数控技术复制佛像经版以为文创开发铺路等[5]。

（三）对某一地域进行非遗数字化保护

肖雯秋立足于ICH类别众多、资源颇丰的甘孜藏族自治州，叙述了保护和传承过程中面临的困境，认为数字化技术的使用能够系统性地整合资源、拓宽传承渠道，推进文旅事业发展[6]。马箖珺阐述了陕西省民间社火文化的现状，提出了数字化保护的方案[7]。唐杰晓、曹烨君梳理了安徽省"数字化"建设的稳步推进给古村落的ICH保护和开发带来的影响[8]。哈乐、张虹、黄

---

[1] 朱熔、国成鑫：《指尖上的草编艺术——非物质文化遗产数字化保护与传承》，载《西部皮革》，2021年第12期，第137-138页。

[2] 刘淑强、张瑶、张洁、吴改红：《潞绸非物质文化遗产的数字化保护策略探究》，载《毛纺科技》，2020年第9期，第99-103页。

[3] 严令耕：《中医药非物质文化遗产的数字化保护研究》，载《经济研究导刊》，2020年第24期，第26-28+52页。

[4] 王波、陈静：《布依族非物质文化遗产数字保护系统的研究与设计》，载《兴义民族师范学院学报》，2021年第4期，第105-111页。

[5] 邓抒扬、许旸：《非物质文化遗产雕版印刷技艺的数字化保护研究》，载《出版广角》，2019年第20期，第47-49+78页。

[6] 肖雯秋：《甘孜藏族自治州非物质文化遗产数字化保护研究》，载《今古文创》，2021年第41期，第72-74页。

[7] 马箖珺：《陕西民间社火数字化保护研究》，载《参花》，2021年第8期，第71-72页。

[8] 唐杰晓、曹烨君：《论安徽古村落非物质文化遗产"数字化"保护与开发》，载《合肥师范学院学报》，2020年第4期，第14-17页。

山涯着眼于传承了千年的景德镇制瓷技术,分析了景德镇陶瓷ICH的特点和保护现状,数字化技术具有通用性强、保护性好、可长期存储的特征,认为应该将非物质文化遗产景德镇陶瓷进行数字化采集和处理,为其建立数据库、通信平台[①]。"局中人"周措卓玛呼吁对青海藏区的非物质文化遗产给予更多的关注,基于"活态性"传承特征,提出将现代化手段运用于该地区ICH保护、存蓄的必要性[②]。刘勐等人概述了甘肃省ICH保护的现状,针对出现的问题亦提出了数字化的对策建议,希望加强甘肃省对ICH的保护,抓住机会发展经济、文化[③]。

（四）某一种技术在非遗保护上的应用研究

刘斌将空间信息科技手段施加于ICH保护,以此打破技术壁垒,融合非遗和空间的数据,实现可视化展示、强调ICH的民族与地域性[④]。陈永光同样利用该模式,以淮阳太昊陵为案例,搭建综合管理与服务平台,希冀非遗得到更好发展[⑤]。涂圆圆从显示原理、技术要素、表现特征三个维度分析了增强现实技术在非物质文化遗产保护和传播两方面的作用,尤其是强加了后者的趣味性、交互性[⑥],具体说来,马刘颖和黄丽娟提议将其应用于傩面具的保护[⑦]。侯守明、葛倩以及刘彦彦选取河南的泥咕咕为研究对象,设计了一个在线展示系统,并详细阐述了系统开发的框架结构、功能、关键技术以

---

① 哈乐、张虹、黄山涯:《景德镇陶瓷非物质文化遗产的数字化保护》,载《中国陶瓷工业》,2020年第2期,第57-60页。

② 周措卓玛:《青海藏区非物质文化遗产传承及数字化保护探究》,载《攀登》,2019年第6期,第106-110页。

③ 刘勐、李亮、杨正:《甘肃非物质文化遗产数字化保护:现状、问题与对策》,载《社科纵横》,2019年第2期,第70-74页。

④ 刘斌:《基于G/S模式的非物质文化遗产异构数据可视化共享机制研究与实现》,成都理工大学,2011。

⑤ 陈永光:《基于G/S模式的非物质文化遗产异构数据可视化共享研究》,载《周口师范学院学报》,2019年第3期,第124-129页。

⑥ 涂圆圆:《AR技术在非物质文化遗产数字化保护中的运用》,载《电子技术与软件工程》,2021年第4期,第126-127页。

⑦ 刘颖、黄丽娟:《增强现实技术在傩面具数字化保护中的应用》,载《西部皮革》,2021年第10期,第85-86页。

及较好的实验结果[1]。魏士翔运用运动捕捉技术、三维建模技术记录少数民族舞蹈，促进非遗的传承发扬[2]。

（五）从非遗分类出发的科研

张敏把ICH分为四个层次体系，主类有七种，即：语言文学、传统艺术、传统技艺、传统体育、民间知识、民间信仰、民间习俗[3]。段晓卿认为我国现有的分类方法和类目存在设置不全、互斥性差、层级少等问题，应结合现有分类方法、分类学理论，构建元系统[4]。张红认为现有的ICH分类框架应在遵循众多科学原则的基础上，被由编制说明、分类表、使用说明组成的"三级五分"所取代[5]。有的学者还根据分类进行更细小类别的研究：吴雪蒙疏理了当前传统手工艺类ICH存在的问题、数字化保护的问题，提出了相应解决方法和途径[6]。林玉峰认为目前国内的音乐类非遗数字化在各个环节都存在局限性，从数字化概念、采集、传播途径、技术等方面展开了研究[7]。

（六）从数字化保护部分流程出发的科研

蔡琴和孙守迁主张除了将数字化用于ICH的展示，还应当囊括重现过程、重构文化空间等，并且认为依据ICH的特点采纳相应的数字展示同样重要[8]。刘建华、张蕊缕析了国内文化遗产数据共享现存的问题和影响因素，

---

[1] 侯守明、葛倩、刘彦彦：《基于MAR的非物质文化遗产数字化保护系统研究》，载《系统仿真学报》，2021年第6期，第1334-1341页。

[2] 魏士翔：《基于运动捕捉技术的少数民族舞蹈的数字化保护研究》，载《大众标准化》，2019年第16期，149-150页。

[3] 张敏：《论非物质文化遗产的分类》，浙江大学，2020。

[4] 段晓卿：《非遗分类及非遗阶元系统建构研究》，载《文化遗产》，2018年第4期，第9-16页。

[5] 张红：《非物质文化遗产分类体系研究》，载《佛山科学技术学院学报（社会科学版）》，2018年第1期，第86-92页。

[6] 吴雪蒙：《传统手工艺类非物质文化遗产的数字化保护探究》，载《开封大学学报》，2020年第3期，第77-79页。

[7] 林玉峰：《试论音乐类非遗数字化保护及其技术发展》，载《艺术评鉴》，2020年第8期，第177-178页。

[8] 蔡琴、孙守迁：《博物馆非物质文化遗产的数字展示》，浙江省博物馆学会2006年学术研讨会文集，2006年7月，第33-35页。

从共享管理的角度，建议在观念、法律制度、标准、服务体系等方面做出改变[1]。

（七）从 ICH 保护和建设数据库具体方式方法出发的科研

王若宸、朱学芳看重图像资源在 ICH 保护方面的重要作用，他们分析了非遗图像资源现有的问题，背靠 Panofsky、Shatford 的模型建构理论。构建语义描述分析架构，设计了从 ICH 图像提取关键词的操作流程，并加以实践研究[2]。张文锡分析了图书馆非遗资源的保护现状、面对的困境，从数字人文的视角，提议建设平台，并列出了详细的平台框架体系，从数据的采集、处理，平台系统的安装使用、管理以及实施的策略等方面提出了见解[3]。华中师范大学学者谈国新等除了重申非遗资源的重要作用，还着眼于少有人涉足的文化空间视域，抓住其特征、载体，并将其分为几个过程，提出建立"事件—过程—状态"为主线的 ICH 文化时空信息数据模型促进保护与传承[4]。

（八）其他

唐晓蓉认为假如各地区编纂志书是开展 ICH 调研、保护的首要工作，那建设数字化艺术档案就是一种必然趋势[5]。有的学者基于某种时代背景开展研究：马晓军选取了人工智能时代[6]、柳骏选取媒体碎片化时代[7]、徐秋雨选取大数据背景等；部分学者聚焦于 ICH 保护的标准、实践的反思等；与此同

---

[1] 刘建华、张蕊：《我国历史文化遗产科学数据共享的现状及对策研究》，载《东南文化》，2008年第5期，第128-137页。

[2] 王若宸、朱学芳：《面向非物质文化遗产的图像语义描述研究，载《信息资源管理学报》，2021年第2期，第128-137页。

[3] 张文锡：《数字人文视域下图书馆非遗资源保护平台的构建》，载《江苏科技信息》，2021年第15期，第47-49页。

[4] 谈国新、张立龙：《非物质文化遗产文化空间的时空数据模型构建》，载《图书情报工作》，2018年第15期，第102-111页。

[5] 唐晓蓉：《艺术档案数字化建设与非物质文化遗产保护刍议》，载《艺苑》，2008年12期，第22-23页。

[6] 马晓军：《人工智能时代下洛阳宫灯数字化保护、传承、弘扬与发展创新研究》，载《明日风尚》，2021年第19期，第143-145页。

[7] 柳骏：《媒体碎片化时代非物质文化遗产数字化保护与传承研究——以面塑艺术为例》，载《艺术大观》，2021年第28期，第137-138页。

时，把以上多个视角、方面结合起来研究的学者占多数。

综上，我国有关ICH数字化保护的研究已有不少论文面世，特别是近几年，随着中国在国际社会上影响力的扩大、软实力的提升，学术研究和文化保护实践领域都看到了对这一研究对象进行研究的现实意义，已经从各个理论、实践角度出发，进行或综合或聚焦一个点的调研。但非遗数字化保护设计的文理知识的交叉融合，学科跨度大，系统性和深度都有待提升，理论、技术与实践运用并不匹配的现实时有发生，专家和实际工作者互不交涉，因此其有时效的、具有可行性的ICH数字化保护、传承和实践还需进一步研讨。

第三节　价值与意义

重庆，该如何称谓它呢？雾都？江城？亦或是山城？重庆地处中国西南腹地，是长江流域上的璀璨明珠、是悠悠茶马古道上浓墨重彩的一笔，古往今来多少文人墨客来了又走，与这座城市结下不解之缘。中国现存最早地方志《华阳国志》里写道："其地东至鱼腹，西至僰道，北接汉中，南极黔涪。土植五谷，牲具六畜……其民质直好义，土风敦厚，有先民直流。"[1]多情的李商隐喃道："何当共剪西窗烛，却话巴山夜雨时。"余秋雨赞扬重庆是一个"站着的城市"[2]。漫漫年岁，重庆这座古老又年轻的城市与许多人产生了联系，眨眼间，便是一生。

根据2020年重庆市统计局的调查显示，重庆拥有国家A级景区262个，其中5A级景区10个，4A级景区121个，自然保护区58个，即使在近年来的特殊时期，接待入境旅游人数下降96.4%的情况下仍达到14.63万人次，旅游外汇收入下降95.7%的情况下仍有1.08亿美元[3]。在疫情前的2019

---

[1] 常璩：《华阳国志》，济南：齐鲁书社2010年版，第2页。

[2] 徐秋雨：《基于大数据背景的温州地区非物质文化遗产数字化体系研究》，载《中国新通信》，2021年第9期，第136-138页。

[3] 重庆市统计局：《2020年重庆市国民经济和社会发展统计公报》，http://www.cq.gov.cn/zjzq/sjfb_120853/tjgb/202103/t20210318_9009790.html（访问时间：2021年12月10日）。

年,全年接待入境旅游人数411.34万人次,旅游外汇收入25.25亿美元[①]。2018年全年接待入境旅游人数为388.02万人次,旅游外汇收入达21.90亿美元[②]。即都呈增长态势。四季分明、旅游资源丰富的重庆吸引了国内外旅人的目光,要实现疫情后重振重庆旅游业,加快科学规划、开发,就必须创造具有鲜明重庆文化特色的"精品",推动文旅产业更快更好地发展。总体来说,对重庆市非物质文化遗产进行数字化保护在四个方面具有重要意义。

一、利用信息的交互性,打破ICH保护的时空壁垒

非遗文化是一种活态文化,具有原汁原味的文化基因,合理利用信息的交互性,深入挖掘ICH资源的文化内涵、意蕴是非遗文化进行深层次开发、科研的基础。数字化技术能使非遗从科学、专业的神坛上下来,使社会大众更好、更直观地了解它所体现的民族文化精神、独特的历史文化烙印。

近日,重庆市文物修复师用科技手段对弹子石摩崖造像进行了全面检测,分析其病害发育程度,数以千亿的数据被转入电脑存储分析。该佛是重庆市城区第一石头质地的大佛,是全国重要文物保护单位,饱经600年的历史沧桑,它不仅代表了佛教在中国的盛行,还默默讲述了重庆市长江对岸的民间故事,印证了当地人关于佛像镇水患的信仰。看到它,我们再去寻访民间故事的时候,能够按图索骥。

二、凭借科技化手段,扩大传承的广泛性

把先进的科学技术应用于非遗传承保护已经是一种潮流趋势,也是实现经济社会全面、协调、可持续发展的不二法门。非遗文化遗产存在的意义不仅是传承本身,还是凝聚民族情感、增强团结、维持社会稳定、维护祖国完

---

① 重庆市统计局:《2019年重庆市国民经济和社会发展统计公报》,http://www.cq.gov.cn/zjzq/sjfb_120853/tjgb/202003/t20200319_8650131.html(访问时间:2021年12月10日)。

② 重庆市统计局:《2018年重庆市国民经济和社会发展统计公报》,http://www.cq.gov.cn/zjzq/sjfb_120853/tjgb/201903/t20190319_8650130.html(访问时间:2021年12月10日)。

整统一的核心力量。科技化手段，立体、活化了古老的艺术形式，拉近了非遗和普通群众的距离，体现了人文关怀。随着计算机技术、网络技术的飞速发展，各国、各地区建立了非遗相关的门户网站，采集了珍贵文化遗产的数据，创建海量的数据库，以便让全世界的人们来共享这份可贵的文化基因、民族记忆。

截至2021年6月，重庆市载入国家级非物质文化遗产代表性项目名录的共有53个，市级非遗项目有707个[①]。社会大众可以通过重庆市人民政府官网搜索到重庆市非物质文化遗产的介绍。

三、拓宽应用范围，服务于社会经济建设

有的人认为随着社会发展，人们似乎已经看不到传统文化遗产存在的目的及意义，因为它们已经不符合当下的审美。但现代数字化进程为ICH带来新的生机与活力。通过对传统工艺品的重新设计与包装，使其成为当地旅游的商品，能够催生巨大的经济效益，带动地区经济发展。真实的民间艺术表演、民俗文化节日、仪式的展示，若合理利用数字播放平台，既能提高旅游知名度，又能吸引中外游客。同时，适当与当地企业、学校进行合作，可能产生一举多得的效果。与前者合作，可以占有市场，扩大资源影响范围。与后者合作，ICH资源本身就蕴含着丰富的文化知识、科学知识，是教育资源的重要组成部分；让非遗文化进课堂，开展非遗知识竞赛、作品赏析、制作工艺品等活动，沉浸式体验非遗文化，在润物细无声中达成传播优秀中华文化，树立文化自信、践行文化自觉的目的；与高校合作开展创新创业，以项目为载体，建设非遗资源，力促成果转化，努力实现产学研一体化目标，形成非遗传承的长效机制。

重庆第二师范学院文学与传媒学院与市文化委、武隆政府共同设计建设了"大唐宰相城"项目。依托大唐宰相长孙无忌之墓，打造唐文化主题文旅。

---

① 赵迎昭：《重庆新增9项国家级非遗》，https://m.gmw.cn/baijia/2021-06/11/1302352582.html（访问时间：2021年12月16日）。

相信建成后会给重庆市武隆县带来丰厚的经济收益。

西南政法大学于 2020 年 8 月成立了媒介素养科普基地，结合自身专业优势，大力推广文化建设，还于 2021 年 5 月举办了"百年'技'忆，非遗为媒"的活动周，邀请了重庆市非遗项目传承人展示作品、讲解文化，吸引了大批学生，推广了传统技艺。

四、提供参考，累积经验

ICH 保护从建档、保存、传承、宣传展示到保护，各个环节都与数字化紧密相扣，在开展合理化、科学化利用的同时，切勿歪曲或滥用。非遗见证了人类历史文明的发展，又是极其重要的文化资源。对其实现数字化保护，本质在于保存民族的生命记忆，传承民族伟大智慧和精神，使得中华民族生生不息。

非遗文化遗产数字化保护是目前国内外专家研究的前沿特点领域，但地域性的研究，尤其是把重庆市与之结合的研究甚少，亦缺乏相关研究成果和实践案例，在此情况下，本文具有重要的学术研究价值。本文将运用如 VR、AR、计算机辅助设计、融媒体、云存储等方面的知识理论体系，融合文化与技术，进行学科融合性的研究尝试。

重庆市拥有宝贵的非遗文化资源，但在全球化、现代化的齿轮下，面临生存困境，亟须科学合理的手段进行可持续地开发利用。而且，当四川省、河北省、天津市、宁波市等省市都有自己的非物质文化遗产网时，作为新一线城市、四大直辖市之一的重庆居然处于空白状态，不得不让人唏嘘。

本文旨在将数字化与 ICH 保护有效结合起来，努力完成重庆市独特的非遗诠释、展演和传播，推动文旅产品事业进入新纪元。因此，无论从微观还是宏观上看，本文都有切实可行的实践意义和现实意义。

第二章　重庆地区非物质文化遗产的生存现状与问题

迄今以来,重庆已具有3000多年的文明史,是中国著名的历史文化名城,是"红岩精神"起源地、巴渝文化发祥地。据史料记载,重庆地区的文明活动,要追溯至距今2~3万年的旧石器时代末期。公元581年,以渝水(嘉陵江古称)绕城,隋文帝改楚州为渝州,重庆始简称"渝"。在漫长的历史岁月中,重庆因拥有着其他地区难以媲美的凝聚力和辐射力,从而在古代成为重要的区域性军事政治中心和商业物资集散地,孕育了悠久的历史。本章,我们将从重庆地区现行记载的非物质文化遗产出发,总结重庆地区非物质文化遗产概况与特征,勾勒重庆非遗的生存、传承和发展现状,以及其面临的现实问题,同时探讨重庆非遗开发管理与数字化技术"接合"的可行性。

第一节　描绘与勾勒:重庆地区非物质文化遗产概况

作为多民族聚集区,重庆市的非物质文化遗产独具特色,源远流长,具有分布广、类型丰、数量多的特点。自2006年中国启动非物质文化遗产保护工作以来,重庆非物质文化遗产保护工作得到市委、市政府的高度重视,全市非物质文化遗产保护工作有条不紊地全面展开。但随着重庆市现代化进程和城市化步伐的加快，民族文化生活受到巨大冲击，各种传统文化表现形式开始呈现消失的趋势。重庆地区的非物质文化遗产保护工作，仍然任重而道远。

一、重庆地区非物质文化遗产的总体概况

2005年，国务院发布了《关于加强文化遗产保护的通知》，并制定了"国家+省+市+县"共4级保护体系。截至2021年6月，经国务院批准，国家文化部共计发布了5批国家级非物质文化遗产名录。同时，近年由各省、市、县自主发布省级非物质文化遗产项目31项，市级非物质文化遗产项目334项，县级非物质文化遗产项目2853项。具体至重庆地区来看，截至目前，重庆市共有国家级非物质文化遗产53项，包括民间文学类3项，传统音乐类14项，传统舞蹈类4项，传统戏剧类3项，曲艺类6项，传统体育、游艺与杂技类1项，传统美术类7项，传统技艺类7项，传统医药类4项，民俗类4项。还有市级非遗项目707项，区县级非遗项目3428项。[①]

2021年8月，重庆市文化和旅游发展委员会印发《关于进一步加强非物质文化遗产保护工作的意见》，期望到2025年，非物质文化遗产代表性项目得到有效保护，建立健全科学规范、运行有效的非物质文化遗产保护工作制度，显著增强人民群众对非物质文化遗产的参与感、获得感、认同感，进一步发挥非物质文化遗产服务当代、造福人民的作用。到2035年，非物质文化遗产得到全面有效保护，传承活力明显增强，工作制度更加完善，传承体系更加健全，保护理念进一步深入人心，国际影响力显著提升，充分发挥推动社会经济可持续发展和服务国家重大战略中的巨大作用。虽然目前，重庆已基本形成市、区两级的非物质文化遗产保护框架，但由于经济全球化和现代化进程的推进，非物质文化遗产的生存空间在不断被压缩。大批有科学、历史和文化价值的非物质文化遗产的真实性、完整性不同程度地受到损害，

---

① 上游新闻：《重庆市9个项目入选第五批国家级非物质文化遗产代表性项目名录》，https://www.cqcb.com/hot/2021-06-10/4203226_pc.html（访问时间：2022年1月8日）。

甚至因后继无人等问题而濒于失传和消亡，非遗保护问题持续凸显。

二、重庆地区非物质文化遗产的具体类型

关于非物质文化遗产的分类标准，目前无论是业界还是学术界都尚未统一。有部分学者依据不同的维度，提出了若干具有可行性的分类方法。中国对于非物质文化遗产的分类，并没有一个统一的明确的分法，都是由不同的学者从不同的维度进行了多种分类，如王文章在其《非物质文化遗产概论》中提出的13类分法[①]，向云驹在其《人类口头和非物质遗产》中的四大类分法[②]，以及周耀林等人撰写的《论中国非物质文化遗产分类方法的重构》提出的宏观、中和、微观的分类方法[③]等。而其中得到业界较多认可的是王文章的13类分法，即：①语言；②民间文学；③传统音乐；④传统舞蹈；⑤传统戏剧；⑥曲艺；⑦杂技；⑧传统武术、体育与竞技；⑨民间美术、工艺美术；⑩传统手工技艺及其他工艺技术；⑪传统的医学和药学；⑫民俗；⑬文化空间。无论是国家层面还是重庆市层面，基本以此分类标准为主。

（一）国家级非物质文化遗产（共53项）

截至目前，重庆市共有国家级非遗项目53项，包括民间文学类3项，传统音乐类14项，传统舞蹈类4项，传统戏剧类3项，曲艺类6项，传统体育、游艺与杂技类1项，传统美术类7项，传统技艺类7项，传统医药类4项，民俗类4项。具体如下：

1. 民间文学（3项）

走马镇民间故事（九龙坡区）；酉阳古歌（酉阳土家族苗族自治县）；广阳镇民间故事（南岸区）。

---

① 王文章：《非物质文化遗产概论》，北京：文化艺术出版社2006年版，第92页。
② 向云驹：《人类口头和非物质遗产》，宁夏人民教育出版社2010年版，第48页。
③ 周耀林、王咏梅、戴旸：《论中国非物质文化遗产分类方法的重构》，载《江汉大学学报》，2012年第2期，第32页。

2. 传统音乐（14项）

石柱土家啰儿调（石柱土家族自治县）；川江号子；南溪号子（黔江区）；木洞山歌（巴南区）；接龙吹打（巴南区）；金桥吹打（万盛经开区）；癞子锣鼓（梁平区）；秀山民歌（秀山土家族苗族自治县）；酉阳民歌（酉阳土家族苗族自治县）；搬运号子（梁平抬儿调）（梁平区）；搬运号子（龙骨坡抬工号子）（巫山县）；永城吹打（綦江区）；小河锣鼓（渝北区）；苗族民歌（彭水苗族土家族自治县）。

3. 传统舞蹈（4项）

龙舞（铜梁区）；土家族摆手舞（酉阳土家族苗族自治县）；高台狮舞（彭水苗族土家族自治县）；玩牛（石柱土家族自治县）。

4. 传统戏剧（3项）

川剧；梁山灯戏（梁平区）；酉阳土家面具阳戏（酉阳土家族苗族自治县）。

5. 曲艺（6项）

四川竹琴；车灯；四川评书；四川扬琴；四川清音；金钱板（万州区）。

6. 杂技（1项）

重庆蹬技。

7. 民间美术、工艺美术（7项）

木版年画（梁平区）；蜀绣；竹编（梁平竹帘）（梁平区）；巫溪嫁花（巫溪县）；大足石雕（大足区）；奉节木雕（奉节县）；龙灯彩扎（铜梁区）。

8. 传统手工技艺及其他工艺技术（7项）

荣昌夏布（夏布制作工艺）（荣昌区）；漆器髹饰技艺；豆豉酿制技艺（永川区）；榨菜传统制作技艺（涪陵区）；制扇技艺（荣昌区）；土家族吊脚楼营造技艺（石柱土家族自治县）；陶器烧制技艺（荣昌区）。

9. 传统的医学和药学（4项）

针灸（刘氏刺熨疗法）（渝中区）；桐君阁传统丸剂制作技艺（南岸区）；

针灸（赵氏雷火灸）（渝中区）；中医正骨疗法（燕青门正骨疗法）（江北区）；

10. 民俗（4项）

秀山花灯（秀山土家族苗族自治县）；宝顶架香庙会（大足区）；丰都庙会（大足区、丰都县）；秀山苗族羊马节（秀山土家族苗族自治县）。

（二）市级非物质文化遗产

根据《重庆市市级非物质文化遗产项目名录》，重庆市目前拥有市级非遗项目707项，如表2-1所示：

表2-1：重庆市市级非物质文化遗产

类型	名称	所属区域	名称	所属区域
民间文学（31项）	走马镇民间故事	九龙坡区	巴文化传说	巴南区
	巴将军传说	渝中区	巫溪民间故事	巫溪县
	男女石柱神话	石柱土家族自治县	吴幺姑传说	黔江区
	巫傩诗文	酉阳土家族苗族自治县	吴癫子的传说	江北区
	广阳民间故事	南岸区	北碚民间故事	北碚区
	善书	合川区	大足石刻传说	大足区
	丰都县民间故事	丰都县	石柱酒令	石柱土家族自治县
	巫山神女传说	巫山县	望娘滩传说	大足区
	石宝寨的传说	忠县	林贵福的故事	开州区
	钟云舫民间故事	江津区	巫山龙洞传说	巫山县
	巫咸孝文	巫溪县	涪州风物传说	涪陵区
	马桑溪民间故事	大渡口区	巴渝灯谜	大渡口区、万盛经开区
	东溪故事	綦江区	刘天成故事	大足区
	武隆民间故事	武隆区	咸说忠文化	忠县
	夔州民间故事	奉节县	夔州竹枝词	奉节县
	巫溪吉令词	巫溪县		

(续上表)

类型	名称	所属区域	名称	所属区域
传统音乐（105项）	川江号子	重庆市艺术研究所	石柱土家啰儿调	石柱土家族自治县
	南溪号子	黔江区	接龙吹打	巴南区
	金桥吹打	万盛经开区	癞子锣鼓	梁平区
	木洞山歌	巴南区	鞍子苗歌	彭水苗族土家族自治县
	永城吹打	綦江区	秀山民歌	秀山土家族苗族自治县
	薅草锣鼓	秀山土家族苗族自治县	酉阳民歌	酉阳土家族苗族自治县
	小河锣鼓	渝北区	后坝山歌	黔江区
	梁平抬儿调	梁平区	土家斗锣	石柱土家族自治县
	甘宁鼓乐	万州区	龙骨坡抬工号子	巫山县
	五句子山歌	巫溪县	跳蹬石工号子	大渡口区
	三江号子	合川区	福果民间礼仪音乐	铜梁区
	西山神歌	大足区	忠州石工号子	忠县
	忠州吹打乐	忠县	巫音	巫山县
	涪陵御锣	涪陵区	大有民歌	南川区
	诸佛盘歌	彭水苗族土家族自治县	彭水耍锣鼓	彭水苗族土家族自治县
	彭水道场音乐	彭水苗族土家族自治县	马喇号子	黔江区
	帅氏莽号	黔江区	横山昆词	綦江区
	海棠唢呐	长寿区	义和锣鼓	长寿区
	璧山薅秧歌	璧山区	璧山吹打	璧山区
	龙潭八牌锣鼓	涪陵区	偏岩耍锣鼓	北碚区
	华蓥高腔	渝北区	跳石昆词	巴南区
	七子鼓	合川区	金佛山打闹	南川区
	三角吹打	綦江区	大足薅秧山歌	大足区
	大足陪歌	大足区	三人锣鼓	城口县
	梁平孝歌	梁平区	后坪山歌	武隆区
	鸭平吹打	武隆区	仙女山耍锣鼓	武隆区
	邓家背二哥号子	巫山县	巫山民歌	巫山县
	木叶吹奏	酉阳土家族苗族自治县	三棒鼓	酉阳土家族苗族自治县
	梅子山歌	彭水苗族土家族自治县	古琴	渝中区
	焦石民歌	涪陵区	綦江民歌	綦江区
	石城情歌	黔江区	长寿石工号子	长寿区

第二章 重庆地区非物质文化遗产的生存现状与问题

（续上表）

类型	名称	所属区域	名称	所属区域
传统音乐 （105项）	梁平吹手	梁平区	龙孔吹打	丰都县
	开山号子	垫江县	石柱土家断头锣鼓	石柱土家族自治县
	瞿塘峡船工号子	奉节县	新津船工号子	云阳县
	薅草锣鼓	云阳县	打夯号子	云阳县
	抬工号子	抬工号子	大溪穿扬号子	巫山县
	酉阳耍锣鼓	酉阳土家族苗族自治县	苗山打闹	彭水苗族土家族自治县
	彭水太原民歌	彭水苗族土家族自治县	三峡背二歌	万州区
	谢家锣鼓	黔江区	黎水拗岩号子	黔江区
	薅草锣鼓	黔江区	泛川派古琴艺术	大渡口区
	南山古琴艺术	南岸区	翻叉号子	长寿区
	龙溪河拖滩号子	长寿区	永兴吆喝	江津区
	薅草锣鼓	城口县	梁山吹打	丰都县
	榨菜踩池号子	丰都县	高峰薅秧歌	垫江县
	高安唢呐	垫江县	石桥木叶吹奏	武隆区
	平桥薅秧号子	武隆区	开州民歌	开州区
	五句子歌	云阳县	酉阳吹打	酉阳土家族苗族自治县
	咚咚喹	酉阳土家族苗族自治县	长寿民歌	长寿区
	梁平㸚猪调	梁平区	乌江船工号子	武隆区
	情妹歌	城口县	石工号子	丰都县
	竹台孝歌	云阳县	夔州民间吹打	奉节县
	夔州民歌	奉节县	轿夫号子	石柱土家族自治县
	酉水船工号子	秀山土家族苗族自治县		
传统舞蹈 （54项）	铜梁龙舞	铜梁区	北泉板凳龙	北碚区
	摆手舞	酉阳土家族苗族自治县	大傩舞	璧山区
	巫舞	开州区	狮舞	潼南区
	架香童子舞	合川区	万古鲤鱼灯舞	大足区
	铜梁火龙	铜梁区	钱棍舞	城口县
	夔州竹枝歌舞	奉节县	普子铁炮火龙	彭水苗族土家族自治县
	高台狮舞	彭水苗族土家族自治县	庙池甩手揖	彭水苗族土家族自治县
	石溪板凳龙舞	南川区	玩牛	石柱土家族自治县

(续上表)

类型	名称	所属区域	名称	所属区域
传统舞蹈 (54项)	打绕棺	石柱土家族自治县、酉阳土家族苗族自治县、秀山土家族苗族自治县	车车灯	开州区
	龙驹狮舞	万州区	后坝狮舞	万盛经开区
	双桥狮舞	大足区（双桥区）	小彩龙舞	江津区
	大足狮舞	大足区	中敖火龙	大足区
	忠州矮人舞	忠县	瑞兽金狮	开州区
	梁平狮舞	梁平区	石柱板凳龙	石柱土家族自治县
	太安茶连箫	万州区	武陵板凳龙	万州区
	含谷火龙	九龙坡区	北碚年箫	北碚区
	接龙小观梆鼓舞	巴南区	铜梁彩灯舞	铜梁区
	河包肉龙	荣昌区	龙孔戏牛舞	丰都县
	平桥耍龙	武隆区	潼南县花岩女子狮舞	潼南区
	潼南县花岩彩龙舞	潼南区	潼南县太安扯扯灯	潼南区
	高阳板凳龙	云阳县	高台狮舞	酉阳土家族苗族自治县
	南岸狮舞	南岸区	迎龙镇民间莲箫	南岸区
	双石小金龙	永川区	双江莲箫	潼南区
	五节龙舞	潼南区	新民春牛舞	垫江县
	左家坪高台狮舞	忠县	大宁河巫舞	巫溪县
	鬼城神鼓舞	丰都县	狮舞	丰都县、奉节县、彭水苗族土家族自治县
	玩牛	彭水苗族土家族自治县	更鼓红苗芦笙舞	万盛经开区
传统戏剧 (31项)	川剧（重庆）	重庆市川剧院	川剧	九龙坡区
	亚亚戏	云阳县	梁山灯戏	梁平区
	面具阳戏	酉阳土家族苗族自治县	接龙傩戏	巴南区
	阳戏	秀山土家族苗族自治县	余家傩戏	秀山土家族苗族自治县
	石壕杨戏	綦江区	踩堂戏	巫山县
	巴渝木偶	渝中区	厉家班京剧艺术	重庆市京剧团
	三峡皮影	巫山县	石柱土戏	石柱土家族自治县
	辰河戏	秀山土家族苗族自治县	保安灯儿戏	秀山土家族苗族自治县
	木腊庄傩戏	彭水苗族土家族自治县	濯水后河戏	黔江区
	梁平傩戏	梁平区	川剧与川剧音乐	沙坪坝区

第二章 重庆地区非物质文化遗产的生存现状与问题

(续上表)

类型	名称	所属区域	名称	所属区域
传统戏剧 (31项)	川剧	渝北区	川剧	万盛经开区
	酉阳花灯	酉阳土家族苗族自治县	川剧	万州区
	涪州川塔	涪陵区	苞谷灯戏	酉阳土家族苗族自治县
	花鼓	长寿区	谐剧	重庆市曲艺团
	相声	重庆市曲艺团	川剧	大渡口区、江津区、綦江区、大足区
	秀山花灯戏	秀山土家族苗族自治县		
曲艺 (15项)	四川评书(重庆)	重庆市曲艺团	车灯	重庆市曲艺团
	川东竹琴	万州区	金钱板	九龙坡区、万州区、铜梁区
	四川清音(重庆)	重庆市曲艺团	四川扬琴(重庆)	重庆市曲艺团
	江北评书	江北区	花鼓	万州区
	荷叶	长寿区	金钱板	荣昌区
	花鼓子	奉节县	四川盘子	重庆市曲艺团
	麻柳荷叶	巴南区	金钱板	江津区、渝北区
	四川竹琴	梁平区、奉节县、巫山县		
杂技 (8项)	清江黄氏杂技	荣昌区	牙齿顶板凳	万州区
	双桥杂技	大足区(双桥区)	上刀山	酉阳土家族苗族自治县
	蹬技	重庆市杂技团	古典戏法	重庆市杂技团
	石蟆百戏技艺	江津区	白沙杂耍	江津区
传统武术、体育与竞技 (25项)	中塘向氏武术	黔江区	木洞龙舟	巴南区
	三六福字牌	秀山土家族苗族自治县	荣昌缠丝拳	荣昌区
	万州逃遁术	万州区	渝北赵氏武术	渝北区
	江津况氏武术	江津区	大足梅丝拳	大足区
	复兴贺家拳	北碚区	昆仑太极拳	江津区
	蚕门武术	江津区	小洪拳	荣昌区
	金家功	梁平区	八卦掌	九龙坡区
	苏家拳	荣昌区	万灵镇游艺系列	荣昌区
	夔龙术	奉节县	意拳	九龙坡区
	传统太极微动桩拳	南岸区	洪门拳	南岸区
	巴渝射德会传统射艺	南岸区	余家拳	铜梁区
	土家竹铃球	石柱土家族自治县	杨氏子能太极拳术	重庆市体育局
	浩口仡佬族篾鸡蛋传统体育竞技	武隆区		

49

（续上表）

类型	名称	所属区域	名称	所属区域
民间美术、工艺美术（61项）	梁平木版年画	梁平区	蜀绣	渝中区
	大足石雕	大足区	麦草艺画	大渡口区
	重庆糖画	重庆市文化艺术研究院	万州石雕	万州区
	大渡口乱针绣	大渡口区	堰兴剪纸	大渡口区
	九龙坡剪纸	九龙坡区	江北蜀绣	江北区
	南山盆景技艺	南岸区	北碚五谷粮食画	北碚区
	北碚复兴镇农村线描画	北碚区	鱼洞乱针绣	巴南区
	綦江农民版画	綦江区	荣昌民间道教绘画	荣昌区
	忠州朽木虫雕	忠县	梁平竹雕	梁平区
	大石竹编	垫江县	大宁河刺绣	巫溪县
	三峡根雕	万州区	烙画	渝中区
	竹壳雕刻技艺	江北区	江北竹雕	江北区
	根雕技艺	南岸区	北碚刺绣	北碚区
	北碚印纽雕刻工艺	北碚区	北碚木雕	北碚区
	北碚剪纸	北碚区	大足剪纸	大足区
	葛兰石狮艺术	长寿区	重庆面塑	重庆市文研院
	罗氏剪纸	万州区	巴渝民间泥塑	万州区、合川区、大足区
	渝州竹雕	万州区、大足区	叶脉画	渝中区
	葫芦烙画	渝中区	关氏卵石雕刻技艺	大渡口区
	琼缘剩绣	沙坪坝区	汉艺斋木竹雕刻技艺	沙坪坝区
	巴人漆艺	南岸区	北碚布艺	北碚区
	合川根雕	合川区	秀山金珠苗绣	秀山土家族苗族自治县
	彭水苗绣	彭水苗族土家族自治县	蜀绣	万州区、九龙坡区、万盛经开区
	巴渝棕编	黔江区、武隆区、万盛经开区	传统书画装裱技艺	涪陵区、江北区、重庆市美术有限责任公司
	渝派连环画	大渡口区	沙磁乱针绣	沙坪坝区
	淑木斋木雕艺术	九龙坡区	重庆剪纸	南岸区、渝北区、永川区
	长江赏石艺术	巴南区	三峡蝶画	永川区
	开州糖画	开州区	朱氏麦杆画	丰都县
	文峰木雕工艺	巫溪县	马氏根艺	石柱土家族自治县
	酉州苗绣	酉阳土家族苗族自治县	三峡木雕	万州区
	玉溪石刻	潼南区		

第二章　重庆地区非物质文化遗产的生存现状与问题

（续上表）

类型	名称	所属区域	名称	所属区域
传统手工技艺及其他工艺技术（272项）	梁平竹帘	梁平区	重庆漆艺	重庆市艺术研究所
	龙灯彩扎工艺	铜梁区	荣昌陶器	荣昌区
	荣昌折扇	荣昌区	荣昌夏布	荣昌区
	涪陵榨菜制作工艺	涪陵区	合川桃片	合川区
	合川峡砚	合川区	永川豆豉	永川区
	艺庐微刻	永川区	龙凤花烛	秀山土家族苗族自治县
	老腊肉制作工艺	城口县	朗溪竹板桥造纸	彭水苗族土家族自治县
	纸竹工艺	武隆区	重庆火锅	重庆市火锅协会
	丘二馆炖鸡汤传统技艺	渝中区	静观花木蟠扎技艺	北碚区
	重庆吊脚楼营造技艺	渝中区、石柱土家族自治县	北泉水磨手工面制作技艺	北碚区
	漆器髹饰技艺	沙坪坝区	黄杨木雕刻工艺	沙坪坝区、重庆市文化艺术研究院
	巴南茶叶制作技艺	巴南区	大足冬菜酿制技艺	大足区
	龙水小五金锻打技艺	大足区	谭木匠木梳传统制作技艺	重庆谭木匠工艺品有限公司
	松溉熊氏杆秤制作技艺	永川区	松溉盐白菜制作技艺	永川区
	纸扎艺术	合川区	鸡肉抄手制作技艺	合川区
	木匾工艺	铜梁区	垫江角雕技艺	垫江县
	土法造纸技艺	忠县、城口、梁平县	石宝蒸豆腐制作技艺	忠县
	忠州豆腐乳制作技艺	忠县	"瑞兰斋"桃片糕制作技艺	云阳县
	郁山鸡豆花制作技艺	彭水苗族土家族自治县	郁山擀酥饼制作技艺	彭水苗族土家族自治县
	秀山竹编制作技艺	秀山土家族苗族自治县	濯水绿豆粉制作技艺	黔江区
	蓝印花布制作技艺	梁平区	三耳火锅底料酿造技艺	九龙坡区
	太安鱼烹饪技艺	潼南区	北碚玻璃器皿成型刻花工艺	北碚区
	万县桐油手工压榨技艺	万州区	涪陵油醪糟传统制作技艺	涪陵区
	吴抄手传统技艺	渝中区	华生园传统糕点制作技艺	大渡口区
	熊鸭子传统制作技艺	江北区	"白市驿板鸭"传统制作技艺	九龙坡区
	偏岩唐门彩扎工艺	北碚区	静观镇竹麻编扎技艺	北碚区

51

(续上表)

类型	名称	所属区域	名称	所属区域
传统手工技艺及其他工艺技术（272项）	道竹芦笙传统制作技艺	万盛经开区	金桥唢呐传统制作技艺	万盛经开区
	祝家山苗族服饰传统制作技艺	万盛经开区	黔江珍珠兰茶罐窨手工制作技艺	黔江区
	黔江斑鸠蛋树叶绿豆腐制作技艺	黔江区	长寿血豆腐制作工艺	长寿区
	江津酱油、醋酿造技艺	江津区	江津烧酒酿造技艺	江津区
	江津米花糖制作技艺	江津区	青草坝萝卜卷传统手工技艺	合川区
	东溪腐乳酿造技艺	綦江区	荣昌卤白鹅制作技艺	荣昌区
	城口漆艺	城口县	仙家豆腐乳传统制作技艺	丰都县
	包鸾竹席传统制作技艺	丰都县	忠州传统制盐技艺	忠县
	开县"冰薄月饼"传统制作技艺	开州区	三合水竹凉席传统制作技艺	开州区
	临江油纸扇传统制作技艺	开州区	云阳泥溪土法造纸技艺	云阳县
	梁平张鸭子传统制作技艺	梁平区	梁平土陶技艺	梁平区
	羊角豆腐干传统制作技艺	武隆区	石柱黄连传统生产技艺	石柱土家族自治县
	竹园盬子鸡传统制作技艺	奉节县	夔梳传统制作技艺	奉节县
	奉节土火纸制作技艺	奉节县	奉节阴沉木雕刻技艺	奉节县
	酉阳西兰卡普传统制作技艺	酉阳土家族苗族自治县	宜居乡传统制茶技艺	酉阳土家族苗族自治县
	彭水青瓦烧制技艺	彭水苗族土家族自治县	彭水灰豆腐制作技艺	彭水苗族土家族自治县
	彭水普子火药制作技艺	彭水苗族土家族自治县	诗仙太白酒传统酿制技艺	万州区
	花丝镶嵌传统工艺	渝中区	九园包子传统制作技艺	渝中区
	重庆陆稿荐卤菜传统制作技艺	渝中区	王鸭子传统制作技艺	渝中区
	正东担担面传统制作技艺	渝中区	德元酸梅汤传统制作技艺	渝中区
	重庆大漆制作技艺	大渡口区	重庆饶氏桃核雕刻技艺	南岸区

52

第二章　重庆地区非物质文化遗产的生存现状与问题

（续上表）

类型	名称	所属区域	名称	所属区域
传统手工技艺及其他工艺技术（272项）	桥头火锅调料传统熬制技艺	南岸区	贾氏桂花酒传统酿造技艺	南岸区
	北碚豆花传统制作技艺	北碚区	大足铁山竹编	大足区
	邮亭鲫鱼传统制作技艺	大足区	土沱麻饼传统制作技艺	渝北区
	渝北老窖酿造技艺	渝北区	西兰卡普（土家织锦）制作技艺	黔江区
	长寿薄脆传统制作工艺	长寿区	合川肉片传统制作技艺	合川区
	永川高氏烟火架制作技艺	永川区	荣昌角雕	荣昌区
	璧山微刻工艺	璧山区	传统牛皮鼓制造工艺	璧山区
	竹雕加工工艺	璧山区	铜乐锻造技艺	梁平区
	袁驿豆干传统制作技艺	梁平区	麻辣鸡块传统技艺	丰都县
	垫江酱瓜传统制作技艺	垫江县	后坪木器制作工艺	武隆区
	羊角老醋传统制作技艺	武隆区	乌杨白酒传统酿造技艺	忠县
	开州龙珠茶制作技艺	开州区	冉氏霉豆卷传统制作技艺	开州区
	打牮拨正	奉节县	巫溪传统手工制盐技艺	巫溪县
	万州杂酱面传统制作技艺	万州区	濯水石鸡砣土陶制作技艺	黔江区
	渣海椒传统制作技艺	黔江区	黔江鸡杂传统制作技艺	黔江区
	黔江牛肉脯传统制作技艺	黔江区	涪陵腌腊肉传统制作技艺	涪陵区
	重庆周氏古船模型制作技艺	渝中区	陈氏抄手传统技艺	渝中区
	谢氏烧烤传统制作技艺	大渡口区	刘氏根雕书法技艺	沙坪坝区
	磁器口陈麻花传统制作技艺	沙坪坝区	南泉豌豆面传统制作技艺	南岸区
	古佛徐氏手工面制作技艺	北碚区	重庆泡菜传统制作技艺	北碚区
	飞泉鲜花椒油低温制作技艺	渝北区	刘记永吉盐水鸭传统制作技艺	渝北区

53

(续上表)

类型	名称	所属区域	名称	所属区域
传统手工技艺及其他工艺技术（272项）	巴国阴米传统制作技艺	渝北区	三不加酱油传统酿造技艺	南川区
	三不加食醋传统酿造技艺	南川区	来凤鱼传统烹饪技艺	璧山区
	何氏制墨技艺	铜梁区	书画传统装裱与修复技艺	荣昌区
	烧酒房传统酿造技艺	荣昌区	黑山谷传统生态茶叶栽培与制作技艺	万盛经开区
	鸡鸣贡茶传统制作技艺	城口县	永安梅啙酒传统酿造技艺	垫江县
	鸭江老咸菜传统制作技艺	武隆区	火炉药膳羊肉传统制作技艺	武隆区
	白马天然蜂蜜传统酿造技艺	武隆区	谢氏铁匠传统锻造技艺	忠县
	良玉汤圆粉传统制作技艺	忠县	紫水豆腐传统制作技艺	开州区
	南门红糖古法熬制技艺	开州区	陶器传统制作技艺	云阳县
	鱼泉酶豆渣传统制作技艺	云阳县	斑鸠叶凉粉传统制作技艺	奉节县
	大昌雪枣传统制作技艺	巫山县	老鹰茶传统制作技艺	巫溪县
	土家倒流水豆腐干传统手工制作技艺	石柱土家族自治县	辛家老店豆腐乳传统手工制作技艺	秀山土家族苗族自治县
	洪安腌菜鱼传统制作技艺	秀山土家族苗族自治县	酉阳传统造纸技艺	酉阳土家族苗族自治县
	龙潭鸭子龙彩扎技艺	酉阳土家族苗族自治县	柚子龟传统制作技艺	酉阳土家族苗族自治县
	龚滩镇绿豆粉传统制作技艺	酉阳土家族苗族自治县	酉阳白酒传统酿造技艺	酉阳土家族苗族自治县
	土家油茶汤传统制作技艺	酉阳土家族苗族自治县	麻旺醋传统酿造技艺	酉阳土家族苗族自治县
	藤茶传统制作技艺	酉阳土家族苗族自治县	苗族银饰锻制技艺	彭水苗族土家族自治县
	郁山泼炉印灶制盐技艺	彭水苗族土家族自治县	彭水米花传统制作技艺	彭水苗族土家族自治县
	冉师傅牛肉干传统制作技艺	万州区	重庆烤鱼技艺	万州区、巫山县、巫溪县
	重庆小面制作技艺	万州区、沙坪坝区、九龙坡区、渝北区、长寿区、江津区、荣昌区、奉节县	土法制香	黔江区
	王氏灶台建造技艺	黔江区	白土唢呐制作工艺	黔江区

54

（续上表）

类型	名称	所属区域	名称	所属区域
传统手工技艺及其他工艺技术（272项）	巴渝皮鼓传统制作技艺	黔江区、云阳县	竹编	黔江区、江津区、梁平区
	官村麻糖制作技艺	黔江区	陆氏中药酒曲传统制作技艺	黔江区
	巴渝土陶传统制作技艺	涪陵区、江津区、奉节县	涪陵胭脂萝卜泡菜传统制作技艺	涪陵区
	蔺市特醋传统酿造技艺	涪陵区	涪陵榨菜酱油传统制作技艺	涪陵区、江津区、奉节县
	巴渝羊肉传统制作技艺	涪陵区、铜梁区、武隆区、石柱土家族自治县	百花潞酒传统酿造技艺	涪陵区
	手工羽毛毽传统制作技艺	渝中区	小洞天干烧江团传统制作技艺	渝中区
	余记山城小汤圆传统制作技艺	渝中区	德元小汤圆制作技艺	渝中区
	重庆火锅传统制作技艺	渝中区、江北区、南岸区、重庆市商务委	应月斋二胡传统制作技艺	沙坪坝区
	重庆南派角弓制作技艺	九龙坡区	黄花园酱油酿造技艺	九龙坡区
	唐氏古琴传统制作技艺	南岸区	吉香园传统中式点心制作技艺	南岸区
	益泰祥段氏奇香炒货制作技艺	南岸区	"蝶花牌"怪味胡豆传统制作技艺	北碚区
	旗美人气泡手工制作工艺	渝北区	吴滩无网弹棉制作工艺	江津区
	白沙风筝制作技艺	江津区	合川肉片（念记）制作技艺	合川区
	"民利权"脂香型酱油酿造技艺	合川区	李氏养身粥熬制技艺	合川区
	朱沱酸萝卜传统腌制技艺	永川区	俏表嫂手撕大头菜制作技艺	永川区
	"小炉红"传统高粱红酒酿造技艺	永川区	合香漆塑	南川区
	刘氏烧鸡公制作技艺	南川区	金佛山方竹笋宴制作工艺	南川区
	金佛山方竹笋传统加工工艺	南川区	外婆家私房油茶传统加工工艺	南川区
	永新执事制作技艺	綦江区	金角老四川牛肉干制作技艺	綦江区
	綦江萝卜干制作技艺	綦江区	重庆泡菜传统制作技艺	綦江区
	重庆泡菜传统制作技艺	綦江区、奉节县	三活春鸡兔鱼烹制技艺	铜梁区
	卧佛竹麻编	潼南区	旱蒸牛肉制作技艺	荣昌区

55

(续上表)

类型	名称	所属区域	名称	所属区域
传统手工技艺及其他工艺技术（272项）	荣昌猪刨汤制作技艺	荣昌区	河包粉条制作技艺	荣昌区
	梁平真丝绸制作技艺	梁平区	木缘坊木梳制作技艺	梁平区
	礼让豆棒制作技艺	梁平区	重庆藤编	武隆区、云阳县
	土坎苕粉传统制作技艺	武隆区	鸡鸣手工制锣技艺	城口县
	城口鸡淙传统制作技艺	城口县	茶元白酒传统酿造技艺	丰都县
	青龙茶传统制作技艺	丰都县	垫江石磨豆花制作技艺	垫江县
	香山蜜饼传统制作技艺	忠县	夔州生漆制作技艺	奉节县
	夔州老腊肉传统制作技艺	奉节县	邬家沟老白干酿造技艺	奉节县
	巫山秋梨膏传统制作技艺	巫山县	翡翠凉粉传统制作技艺	巫山县
	水口银丝面传统制作技艺	巫山县	大宁河柳叶舟制作技艺	巫溪县
	马武白酒传统技艺	石柱土家族自治县	秀山毛尖栽培与制作技艺	秀山土家族苗族自治县
	浪坪传统织绸技艺	酉阳土家族苗族自治县	传统铁器锻打技艺	彭水苗族土家族自治县
	鞍子酥食制作技艺	彭水苗族土家族自治县	龙塘麻糖制作技艺	彭水苗族土家族自治县
	郁山晶丝苕粉制作技艺	彭水苗族土家族自治县	郁山三香制作技艺	彭水苗族土家族自治县
	苗家天锅传统酿酒技艺	彭水苗族土家族自治县	重庆脆皮鱼传统制作技艺	两江新区
	溱溪河竹艺家具传统制作技艺	万盛经开区	红苗竹木制品防蛀处理传统技艺	万盛经开区
	隆林火烧糯米酒传统制作技艺	万盛经开区	古籍修复技艺	重庆市图书馆
	传统合香制香技艺	九龙坡区	周氏传统木作技艺	巴南区
	浩口仡佬族蜡染传统制作技艺	武隆区	马氏蒲扇板鸭技艺	九龙坡区
	江津传统花椒栽培与加工技艺	江津区	川东花生传统制作技艺	永川区
	金佛山酒传统酿造技艺	南川区	千年金山红传统制作技艺	南川区
	铁皮石斛酒传统制作技艺	南川区	武隆白酒传统酿造技艺	武隆区
	武隆老鹰茶传统制作技艺	武隆区	涪翁烧白传统制作技艺	彭水苗族土家族自治县

第二章 重庆地区非物质文化遗产的生存现状与问题

（续上表）

类型	名称	所属区域	名称	所属区域
传统的医学和药学（41项）	刘氏刺熨疗法	渝中区	桐君阁传统中成药制作工艺文化	南岸区
	郭氏养生按摩手法	九龙坡区	缙云山道医养生	北碚区
	燕青门正骨疗法	渝中区	邵氏烧烫伤消痕疗法	江津区
	鹿角镇民间蛇伤疗法	彭水苗族土家族自治县	李志沧传统中医正骨术	涪陵区
	郭昌毕中医跌打损伤传统疗法	涪陵区	赵氏雷火灸	渝中区
	老氏静卧养生法	大渡口区	刘氏"捏膈食筋"疗法	黔江区
	柴氏推灸养生祛病法	奉节县	曾氏"正骨术"	黔江区
	恒合正骨推拿术	渝中区	武医合璧	九龙坡区
	陪都传统膏药制作技艺	南岸区	九禽形意推拿功法	渝北区
	伍舒芳膏药传统制作技艺	合川区	诸佛冯氏蜂毒疗法	彭水苗族土家族自治县
	郑氏温病诊疗法	万州区	重庆市中医骨科医院正骨诊疗术	渝中区
	黄氏儿科传统医术	渝中区	陈膏药传统制作技艺	沙坪坝区
	黄氏中医正骨术	沙坪坝区	梵谷中医正骨术	沙坪坝区
	养生五禽戏导引法	南岸区	桐君阁还少丹传统制作技艺	南岸区
	桐君阁麻仁丸传统制作技艺	南岸区	强力天麻杜仲丸传统制作技艺	南岸区
	王氏传统膏药传统制作技艺	北碚区	赵氏正骨术	渝北区
	周氏二指禅推拿技法	渝北区	南川天麻传统生产技艺	南川区
	向氏草药疗骨法	大足区	鹿茸蜜丸传统制作工艺	大足区
	李氏骨科传统正骨术	大足区	何氏点熨灸治术	荣昌区
	牡丹皮传统加工技艺	垫江县	古方精骨术	石柱土家族自治县
	雷氏蛇药	酉阳土家族苗族自治县		
民俗（64项）	秀山花灯	秀山土家族苗族自治县	丰都庙会	丰都县
	万盛经开苗族踩山会	万盛经开区	塘河婚俗	江津区
	尝新	荣昌区	姜家舞龙习俗	巴南区
	华岩寺腊八节	九龙坡区	荣昌杀年猪习俗	荣昌区

57

(续上表)

类型	名称	所属区域	名称	所属区域
民俗 (64项)	铜梁龙灯会	铜梁区	龙舟竞渡	合川区
	宝顶香会	大足区	礼让草把龙习俗	梁平区
	双桂堂庙会	梁平区	广阳龙舟会	南岸区
	黑山请水习俗	万盛经开区	角角调	黔江区
	旱码头龙舟歌会	江津区	清源宫庙会	江津区
	铜梁坐歌堂	铜梁区	楼子山迎春狮舞会	丰都县
	盐运民俗	石柱土家族自治县	薅草仪式	石柱土家族自治县
	禹王庙会	渝中区	浴佛节	九龙坡区
	合川坐歌堂	合川区	江津楹联习俗	江津区
	江津白沙"闹元宵"习俗	江津区	关坝镇苗族砍火星节	万盛经开区
	梁平接龙习俗	梁平区	水龙祈雨	丰都县
	秀山苗族羊马节	秀山土家族苗族自治县	哭嫁	酉阳土家族苗族自治县
	郁山孝歌	彭水苗族土家族自治县	马喇龙灯习俗	黔江区
	跳蹬民居上梁习俗	大渡口区	盂兰盆节	九龙坡区
	九龙楹联习俗	九龙坡区	綦江苗族传统婚俗	綦江区
	史鼓红苗"绷鼓"仪式	万盛经开区	王家坝红庙秋坡会	万盛经开区
	风来大石箐香会	武隆区	巫文化的禁忌	巫山县
	土家婚俗	黔江区、奉节县、巫山县	土苗丧葬礼仪	黔江区
	白沙龙舟会	江津区	窑王祭祀	荣昌区
	上九登高	开州区	寺院坪香会	武隆区
	羊角黄氏家训	武隆区	搭红习俗	城口县
	城口十大碗	城口县	夔州食俗	奉节县
	清净庵庙会	奉节县	饮酒习俗	巫山县
	转丧钟	巫溪县	土家米米茶习俗	石柱土家族自治县
	秀山敉饭制作与分享习俗	秀山土家族苗族自治县	苗族四月八	秀山土家族苗族自治县
	秀山米豆腐食俗	秀山土家族苗族自治县	苗族赶秋	秀山土家族苗族自治县
	苗族踩花山节	彭水苗族土家族自治县	土家三道席传统习俗	彭水苗族土家族自治县
	石鼓红苗礼歌	万盛经开区	茶树红苗长桌宴	万盛经开区

资料来源：百度百科，重庆市市级非物质文化遗产项目名录，https://baike.so.com/doc/25757672-26891908.html（访问时间：2022年1月8日）

（三）县级非物质文化遗产

截至目前，重庆市已认定的县级非物质文化遗产达到3428项，而重庆市辖范围内的各区县，也均出台了县级非物质文化遗产名录，此处不再赘述。从整体情况来看，重庆市已形成了"国、市、区县"三级非物质文化遗产保护体系，基本建立覆盖相对完备的文化遗产保护制度，明显改善了重庆市文化遗产保护现状，保护文化遗产的理念在全市氛围内得到广泛传播，深入人心，已成为全社会的自觉行动。

三、重庆地区代表性非物质文化遗产介绍

（一）川江号子

川江号子是川江水系船工们驾船劳作时所唱的歌谣。它随着船运的兴起而产生，在长期的传唱中，根据实际情况产生了不同的分类，如河道不同则有大河号子和小河号子之分；河段水系不同，则有紧张型号子和舒缓型号子之分；船行方向不同则有上水号子和下水号子之分。这些不同类别的号子中，还包括若干小类，从而构成了涵盖数十种类别和千余首曲目的独具特色的川江水系音乐文化。这些传承历史悠久、品类曲目丰富、曲调高亢激越的川江号子是船工们在劳动中与险滩恶水搏斗时用激情和汗水而谱写的生命之歌，体现了船工们不服输、不怕苦的精神，是重庆市一笔宝贵的精神财富。2006年，川江号子列入首批国家级非物质文化遗产代表性项目名录。[1]

（二）四川清音

四川清音原名"唱小曲""唱小调"，因演唱时多用月琴或琵琶伴奏，又叫"唱月琴""唱琵琶"，是流行于重庆、四川的曲艺音乐品种之一。其主要来源于明清时期的俗曲及四川民歌，包含了山西、陕西、甘肃、河南、河北、浙江等地区的传统民间小调曲目；主要流传于四川宜宾、泸州、成都和重庆一带的城市及中小乡镇的商业地区。四川清音用四川方言演唱，曲调丰富，唱腔

---

[1] 重庆市文化和旅游发展委员会：《川江号子》，http://whlyw.cq.gov.cn/wlzx_221/wlzy/zqsfwzwhyc/202103/t20210321_9019195.html（访问时间：2022年2月6日）。

优美，有八个大调、一百余支小调，唱段两百多支。四川清音的伴奏乐器为琵琶、竹鼓、檀板等。早期表演时由女演员一人坐着独唱，右手击竹鼓，左手击檀板，自击自唱。代表作品有《昭君出塞》《尼姑下山》等。2008年6月7日，"四川清音"经国务院批准列入第二批国家级非物质文化遗产名录。

（三）荣昌折扇

源于明朝永乐年间的荣昌折扇，因其造型轻盈灵巧，线条外圆内方，选料考究，制作精细，品种齐全，花色繁多，自诞生以来就深受广大人民群众的喜爱。今时荣昌折扇虽与江苏苏州的绢绸扇、浙江杭州的书画扇并称为"中国三大名扇"，但荣昌折扇因工艺制作精良而独胜一筹。荣昌折扇的产品主要有全楠、正棕、皮底、硬青、串子、全棕、檀香、绸面（白绸、色绸）、毛、胶质十大类，计345个品种。因其雕刻制作精致、扇面书画艺术精美，荣昌折扇具有极大的艺术价值、欣赏价值和收藏价值，但同时也是人民群众清暑消热的实用工具。2008年6月，国务院批准荣昌折扇为第二批国家级非物质文化遗产名录扩展项目名录。①

图2-1 荣昌折扇

资料来源：重庆市文化和旅游发展委员会，《荣昌折扇》，http://whlyw.cq.gov.cn/wlzx_221/wlzy/zqsfwzwhyc/201303/t20130323_3718873.html，访问时间：2022年2月6日

---

① 重庆市文化和旅游发展委员会：《荣昌折扇》，http://whlyw.cq.gov.cn/wlzx_221/wlzy/zqsfwzwhyc/201303/t20130323_3718873.html（访问时间：2022年2月6日）。

（四）四川扬琴

四川扬琴是四川省的汉族传统曲艺说唱艺术代表性曲种之一，主要流行于成都、重庆、泸州、自贡等城市和地区，早期又称洋琴，后改为扬琴，约形成于清乾隆年间。至光绪时已有艺人100多名，并分为南会、北会两派。其演出形式原为数人坐唱，各操一件乐器伴奏，以扬琴为主，另有鼓板、怀鼓、三弦、京胡、二胡等；以唱为主，以说为辅；演员分生、旦、净、丑等角色说唱；现在也有主角站唱、配角坐唱的形式。音乐分为大调、越调（月调）、器乐牌子三类。大调属于板腔体结构，是主要腔调，以一字为基础，由一字、快一字、慢一字、二流、三板、大腔、舵子等组成早期曾称"渔鼓洋琴""大鼓洋琴"，因表演中以洋琴为主要伴琴乐器而得名，中华人民共和国成立后改为现名。2008年6月7日，四川扬琴经国务院批准列入第二批国家级非物质文化遗产名录。[①]

（五）荣昌夏布织造技艺

夏布织造技艺历史久远，最早可追溯到汉代。汉代称荣昌夏布为"蜀布"，唐宋发展为主要用作贡品"斑布""筒布"，直到清代康熙后期才形成商品生产，远销省外，甚至到了朝鲜、日本和南洋（指东南亚一带）等地，因而成为荣昌有名的传统特产。荣昌夏布包括细布、粗布、罗纹布三大类别。其生产技艺包括打麻、挽麻团、挽麻芋子、牵线、穿扣、刷浆、织布、漂洗、整形、印洗等工序。生产出的产品布纹细密平整，色泽莹洁润滑，且坚韧耐用，因麻质的特性，穿后易洗易干，烫后有棱有角，古朴雅致，美观大方，凉爽理汗，舒适宜人，是人们夏日衣着的上等佳品，具有重要实用价值。近些年来，松竹轩扇庄将折扇与夏布生产相结合，开发了夏布折扇旅游新产品，工艺独特，外形美观，具有较高的艺术价值。2008年6月，国务院批准夏布织造技艺为第二批国家级非物质文化遗产名录。[②]

[①] 百度百科：《四川扬琴》，https://baike.so.com/doc/6610394-6824184.html（访问时间：2022年2月6日）。

[②] 重庆市文化和旅游发展委员会：《荣昌夏布》，http://whlyw.cq.gov.cn/wlzx_221/wlzy/zqsfwzwhyc/201303/t20130323_3718872.html（访问时间：2022年2月6日）。

图2-2 荣昌夏布织造技艺

资料来源：重庆市文化和旅游发展委员会，《荣昌夏布》，http://whlyw.cq.gov.cn/wlzx_221/wlzy/zqsfwzwhyc/201303/t20130323_3718872.html，访问时间：2022年2月6日

（六）四川评书

四川评书又称白话演说、评话，是四川省传统曲艺剧种之一，流行于四川各地及云、贵部分地区。表演者用四川方言夹议地讲说故事，道具仅一张桌、一把折扇、一方醒木。开讲前拍醒木可以提醒听众，烘托气氛；折扇用作模拟物体。四川评书以四川方言评讲，流行地区遍及四川城乡，由于语音相近，还流传到云南、贵州两省。四川评书历史悠久，人才辈出，以具有四川地方语言特色而见称。由于书路和表现手法的不同，有"清棚"和"雷棚"之分。清棚以说烟粉、传奇之类的风情故事为主，重在文说，讲究谈吐风雅，以情动人；雷棚以讲史和金戈铁马一类的书目为主，重在武讲，讲究模拟形容，金鼓号炮、马嘶虎啸，都通过艺人之口来表达，使听众如临其境，如闻其声。雷棚艺人中还有专长于朴刀杆棒之类的武侠书。此外，还有熔"清""雷"于一炉，文武兼备的一派，书路宽广，并编演了一些表现近代、现代生活的书目。中华人民共和国成立以后，四川评书还发展了一种韵文评书的形式，全用韵文叙述故事，演出时用朗诵的语调，朗朗上口。2011年5月23日，

四川评书经国务院批准入选第三批国家级非物质文化遗产名录。[1]

(七)南溪号子

在重庆市黔江区土家族人民中广为传唱的南溪号子歌词多为即兴创作,但其腔调和唱法比较固定。唱腔主要有"大板腔""九道拐""三台声""打闹台""南河号""喇叭号"等十余种。基本唱法为:一人领喊,两人或三人喊高音,三人或更多的人喊低音,众人帮腔,从而形成高中低声部互相应和,成为在山野间悠扬回荡的天籁之声。南溪号子的内容蕴含丰富的民族文化信息,涉及土家族历史、地理、民间传说。独特的演唱风格,彰显土家民族音乐文化遗风,丰富的演唱内容,体现土家民族历史文化内涵。2006年5月,国务院批准南溪号子为第一批国家级非物质文化遗产名录。[2]

(八)川剧(重庆)

川剧(重庆)的根可以追溯到先秦时代的"巴渝歌舞",以及秦汉的"斗牛之戏"和"百戏",唐代的"蜀戏",宋代的"川杂剧",明代的"川戏",及至清代,在全国"花部乱弹"地方戏曲蓬勃发展中,经过200来年昆、高、胡、弹、灯诸腔并奏的分班活动,至民国初年,三庆会集诸腔之大成而同台演出,统称为"川剧"。在长时期的传演中,川剧形成了四大流派,分别是以演出胡琴腔为主的川西派、以演出高腔戏为主的资阳河派、以演出弹戏为主的川北河派和以演出多种声腔为特色的下川东派,其中下川东派以重庆为中心。重庆的川剧具有历史悠久、声腔相融、剧目丰富、技艺精美、流派纷呈、群星共荣,以及受众广泛等特点。2006年5月,国务院批准川剧(重庆)为第一批国家级非物质文化遗产名录。[3]

---

[1] 百度百科:《四川评书》,https://baike.so.com/doc/6653999-6867818.html(访问时间:2022年2月6日)。

[2] 重庆市文化和旅游发展委员会:《南溪号子》,http://whlyw.cq.gov.cn/wlzx_221/wlzy/zqsfwzwhyc/201303/t20130323_3718870.html(访问时间:2022年2月6日)。

[3] 重庆市文化和旅游发展委员会:《川剧(重庆)》,http://whlyw.cq.gov.cn/wlzx_221/wlzy/zqsfwzwhyc/201303/t20130323_3718855.html(访问时间:2022年2月6日)。

（九）木洞山歌

木洞山歌是重庆市巴南区木洞镇老百姓广为传唱的山歌，是"巴渝优秀民间艺术"之一。木洞山歌的根可以追溯到上古时代的"巴渝歌舞"，经战国时代的"下里巴人"，汉代的"巴子讴歌"，唐代的"竹枝"，直至明清演化形成木洞山歌。木洞山歌有数以千计的曲目，其主体是被称为薅秧歌的禾籁，其他重要艺术样式还有啰儿调、劳动号子、风俗歌、表演歌等。禾籁在中国民歌中是极其罕见的。禾籁地域特色浓郁，曲调曲目丰富，主要有高腔禾籁、矮腔禾籁、平腔禾籁、花禾籁和连八句等多种样式，这些样式中又包括若干子样式，如高腔禾籁还包括依呀禾籁、也禾籁、锣鼓腔、依依腔、呀呀腔、四平腔、噢嗬腔、鸣哦腔、悠呵腔等。2006年5月，国务院批准木洞山歌为第一批国家级非物质文化遗产名录。[1]

（十）梁山灯戏

梁山灯戏是流传于重庆市梁平县境内的一种地方小戏，因梁平县旧称"梁山县"而得名，它形成于明代正德年间，至今已有近500年历史。梁山灯戏剧目一般为民众性题材，台词通俗易懂，情节嬉闹幽默，表演生动，"嬉笑闹"与"扭拽跳"是其重要特色。音乐包括声腔音乐、间场音乐和锣鼓经。在长时期的传演中，梁山灯戏形成了别具一格的风格特征：与民俗文化相互依存，广泛吸纳民间艺术，表演风格嬉笑闹，音乐声腔独树一帜，易于接受、流传。历史上，梁山灯戏的声腔，流传渗透进长江中下游十一个省数百个县的地方小戏中。抢救、保护梁山灯戏，对完善中国戏剧理论，研究长江中下游地区的戏曲声腔系统有极高的学术价值。2006年5月，国务院批准灯戏（梁山灯戏）为第一批国家级非物质文化遗产名录。[2]

（十一）金桥吹打

金桥吹打是流传于重庆市原万盛区金桥镇的民间吹打乐种，产生于宋元

---

[1] 重庆市文化和旅游发展委员会：《木洞山歌》，http://whlyw.cq.gov.cn/wlzx_221/wlzy/zqsfwzwhyc/201303/t20130323_3718869.html（访问时间：2022年2月6日）。

[2] 重庆市文化和旅游发展委员会：《梁山灯戏》，http://whlyw.cq.gov.cn/wlzx_221/wlzy/zqsfwzwhyc/201303/t20130323_3718866.html（访问时间：2022年2月6日）。

第二章　重庆地区非物质文化遗产的生存现状与问题

时期，至今已有700多年历史。金桥镇现有乐班70多个，乐手800多人。在长期传承中，金桥吹打形成了喜庆类、生产生活类、丧事类、民间传说类等类别，花灯、大曲牌、朝牌、宫堂等曲牌，以及品打、刁打、散打、干打、夹打、刁散打、竹叶吹奏、口哨等演奏形式，曲目达1000余首。金桥吹打的吹奏特点表现为：音正节稳、音质纯洁、不含混拖拉、音域宽、音量大、力度厚、音色明快、穿透力强，是闻名遐迩的"马风声"派。2006年5月，国务院批准吹打（金桥吹打）为第一批国家级非物质文化遗产名录。①

（十二）金钱板

金钱板是民间传统曲艺品种之一。明末清初生成于成渝两地，流行于民国时期，中华人民共和国成立后进入新的发展期，"文化大革命"时期继续革新，二十世纪七八十年代达到高潮，至今尚有传承。金钱板表演的道具是可随身携带的三块小竹板，其间夹有铜钱。表演时，除竹板敲打之声，还能听到铜钱相互碰撞的声音。后来，为了便于制作，人们在金钱板道具制作里取消了铜钱，金钱板就成了三块小竹板。金钱板是由一人或数人表演的传统曲艺说唱，演员打、唱结合，辅以表演。"打"则是指打板，演员左右手分持三块竹板，碰击节拍与打出基本的"滴、打、垮"及多种花色音响，以渲染气氛；"唱"则有说有唱，语言风趣，唱腔上口；表演则讲究身法指爪，传神达意。因受到多元文化艺术的冲击、院团撤并转散、演出市场萎缩、观众审美转向等多种因素，重庆市的金钱板和其他曲艺品种一样面临着传承不济、濒于消亡的困境。2011年5月，国务院批准金钱板为第三批国家级非物质文化遗产名录扩展项目。②

（十三）高台狮舞

高台狮舞是重庆市彭水苗族土家族自治县民间最具特色的体育与舞蹈相结合的表演艺术，已有约150年历史，具有较高的历史文化价值，在民众中

---

① 重庆市文化和旅游发展委员会：《金桥吹打》，http://whlyw.cq.gov.cn/wlzx_221/wlzy/zqsfwzwhyc/201303/t20130323_3718861.html（访问时间：2022年2月6日）。

② 重庆市文化和旅游发展委员会：《金钱板》，http://whlyw.cq.gov.cn/wlzx_221/wlzy/zqsfwzwhyc/201303/t20130323_3718860.html（访问时间：2022年2月6日）。

颇有影响力。狮舞可以分为地面狮舞和高台狮舞两种。地面狮舞主要用于日常节日、生日、婚丧嫁娶、开业庆典等活动；搭台上架的高台狮舞则多用于重大节庆和比赛，表演时常常与地面狮舞连为一体，它最核心的部分是空中表演。用方桌搭台，最少7张，一般15张，多则24张，极限达到108张。高台狮舞表演者身披长约2米的彩绘狮子服，在导引师的引导下，踩着由锣、大鼓、小鼓、钹、铰等乐器伴奏的节奏，从第一层开始，层层上升，直达"一炷香"。在各层表演时，狮子要穿过每一张方桌。在"一炷香"上要进行"玩狮子"和立桩表演，惊险刺激。高台狮舞的舞蹈语汇有蹬黄冬儿、打羊角桩、鹞子翻叉、扯链盖拐、翻天印、黄龙缠腰、奶牛困塘、狗连裆、扯海趴狗、钻圈等套路，还有狮子高杆夺绣球、游走板凳等表演动作。表演风格或惊险刺激，或古朴滑稽，或华丽多姿。

　　高台狮舞表演要求表演者有高超的表演技能和良好的体力。目前因传承人年老谢世，而当地青壮年又因生产、生活方式的转变而多选择外出务工，部分班社后继无人，陷入了无法进行正常表演，高台狮舞濒于消亡的境地。2011年5月，国务院批准狮舞（高台狮舞）为第三批国家级非物质文化遗产名录扩展项目。[①]

第二节　生存与传承：重庆非遗的发展现状

　　古老的文明以及多民族多元化的文化生态都促成了重庆地区民间文化艺术资源的丰富性，许多种类为世界独有。然而，随着现代化和城市化的冲击，重庆地区原本丰富的非物质文化遗产正面临着消亡的困境。如何保护好非物质文化遗产，成为我们不得不严肃对待的重大课题。

---

① 重庆市文化和旅游发展委员会：《高台狮舞》，http://whlyw.cq.gov.cn/wlzx_221/wlzy/zqsfwzwhyc/201303/t20130323_3718858.html（访问时间：2022年2月6日）。

一、冲击：现代化进程带来巨大影响

联合国教科文组织2003年通过的《保护非物质文化遗产国际公约》中指出："非物质文化遗产指被各社区群体，有时为个人视为其文化遗产组成部分的各种社会实践、观念表达、表现形式、知识及技能及其有关的工具、实物、手工艺品和文化场所。"如果讲非物质文化遗产的具体表现，那便可以具体到前文提到的13种具体表现形式，包括语言、民间文学、传统音乐、传统舞蹈、传统戏剧、曲艺、杂技、传统武术、体育与竞技、民间美术、工艺美术、传统手工技艺及其他工艺技术、传统的医学和药学、民俗、文化空间等。由此可以看出，非物质文化遗产具有活态性特征，是一种活态文化，这种特性往往在时代浪潮中使其比物质文化更难传承，比物质文化更容易消逝。从一定意义上来说，现代化的进程同时就是各国、各地区、各民族的传统非物质文化遗产受到冲击和考验的过程。中国非物质文化遗产保护中心副主任田青曾经说过："中国的现代化是在对传统的极度憎恶中开始的，所以中国的现代化进程也是在对传统严酷破坏的基础上开始的。"面对全球化、市场化、工业化、城镇化等现代化浪潮的冲击，长期孕育与发展中国非物质文化遗产的文化土壤，即自然环境生态环境和人文生态环境有了翻天覆地的变化，从而导致有些非物质文化遗产已经不能适应现代社会的需要，面临着退化甚至消失的危险，处于风雨飘摇的危机之中，急需采取措施对其进行保护。

首先，现代化使得中国非物质文化遗产得以依附的自然生态环境遭到破坏。自然生态环境是非物质文化遗产得以生存、发展的基本土壤。在重庆数千年的历史岁月中，正是各地区、各民族人民在与自然环境不断适应和改造的过程中，才灵感迸发创造出了丰富多彩的非物质文化遗产。但现代化进程开始后，种种粗暴、不讲生态规律、不计后果的自然环境开发，使得非物质文化遗产依附的生存环境遭到破坏，从而给重庆非物质文化遗产的保护、传承带来了难以估量的巨大影响。如国家级非物质文化遗产"川江号子"，随着社会的发展和科技的进步,航运业产生了质的飞跃,在川江里航行了上千年的以船工划桡拉纤为动力的木船被各种型号的机动铁船所取代,逐渐退出航运舞台,机动铁船的船工们,不再需要吼唱号子来统一行动,指挥运作,川江号子赖以生存、发展的载体几近消失。

二、断代:传承人越发匮乏

困扰重庆市非遗文化保护的另一大问题则是代表性传承人知识结构老化,年龄渐长,后继传承人才匮乏。目前,以国家级非物质文化遗产为代表的重庆市非遗项目传承人极度匮乏,老一代传承人逐渐凋零,而年轻一代因受到多元文化冲击等因素,对传统文化认同感不够;就业观念的改变,使愿意投身传统文化事业的手工劳动者越来越少,许多非遗项目面临后继无人的困境。非遗文化的保护靠的是传承人的代代相传,非遗传承人才不足造成的直接后果就是加速了一些项目的消失。虽然目前,重庆已颁布数批非物质文化遗产代表性传承人名单,同时,已有近百人入选国家级非遗传承人名单。但遗憾的是,总体来看非物质文化遗产传承人数量仍然逐年下降,部分非遗项目甚至已无传承人在世。

究其原因,首先,以古法锻造、手工技艺为代表的部分非遗项目已经走入了"费时费力、效率低、收益低"的怪圈。现在很多的产品,如"奉节木雕"等,早已实现工业化大生产,效率高、成本低,机器操作造出来的产品甚至不逊于手工制品,同样深受百姓喜爱,真正实现了物美价廉,但这种情况,让许多传统工匠无所适从,陷入窘境。坚持手工制作,时间成本高,效率低,做出来的作品价格也就相对较高。但在铺天盖地的工业替代品的包围下,又有多少人会在意是不是手工制作并且愿意为手工制品买单呢?然而不坚持手工制作的话,传统手艺又无法传承;其次,"收徒难"也是一大难题。现在的社会风气浮躁,人们普遍具有功利性思维,急功近利,做任何事都得先考虑投入与产出比。而非物质文化遗产的制作费时费力,本身就与这种社会风气冲突。如果一个学徒,想要系统地掌握制作工艺,往往需要漫长的时间沉淀与学习，而这既让徒弟面临着很大的经济压力，也需要在当前环境下考虑学成之后是否能凭此安身立命。另一方面，从老师的角度来讲，培养一个徒弟，既需要花费大量的时间成本和经济成本，也需要耗费大量的心血来教导。作为一个长期的学习过程，有很多人根本无法坚持，往往半途而废，那老师们的投入的成本便白白浪费了。就算有徒弟坚持下来学成了，在现在这种风气下，难以保证徒弟不会自立门户，而自古手艺行就有"教会徒弟，饿死师傅"的说法；最后，对于非遗传承人的实际鼓励措施仍然不够，甚至无法得到落实。不可置否，近年来我国的非遗保护工作一直都在不断加大力度：从2008年开始，中央财政对国家级代表性传承人提供每人每年8000元的传习补贴，而从2011年开始，金额提高到每人每年10000元。2011年《中华人民共和国非物质文化遗产法》正式颁布实施，同时各地相关部门积极调查整理非遗项目，每年都有不少收获。另外也有很多的非遗技艺开始走进学校，让广大师生都能够近距离的学习简单的非遗技艺。从以上可以看到，政府在非遗调查、非遗宣传乃至非遗立法方面，一直在努力。但是在非遗保护和继承方面，任重道远，还需要进一步努力。

三、消亡：在濒危中逐渐消失

经历数百年甚至上千年的发展后沉淀而成的重庆的非物质文化遗产，在历史上对人类的经济、社会发展起了不可磨灭的作用。重庆市历来重视对非物质文化遗产尤其是少数民族非物质文化遗产的保护，然而，随着全球化趋势和现代化进程的冲击，一些独具特色的传统文化正在消亡，可见的非遗文化项目日益减少，尤其是少数民族非物质文化遗产保护工作也出现了许多新情况、新问题。

当前，重庆市非物质文化遗产的整体性消亡问题显著，究其原因在于对非物质文化遗产的保护与百姓对现代化生活的渴望之间存在一定程度的矛盾，这是对重庆市非物质文化遗产进行整体性保护提出的一个重大的现实难题。经调查不难发现现实中存在这样一个不争的事实：越是经济发达的地区，传统文化消失的速度就越快。接受了现代文明带来便利的人们过上了舒适的生活，而不愿意再传承原来的思想、文化、风俗，这使他们的传统文化流失的速度越来越快。相反，越是贫穷落后的地区，传统文化反而保留得更好，因为没有接受现代文明的人们继续保留着他们原始的文化传统及思维方式，保存了较为完整的传统文化。在这种情形下，如果无视其追求现代化生活的意愿，强行的推行非物质文化遗产传承，这在一定程度上压抑和遏制了老百姓的生活诉求，有悖于社会发展规律。同时，随着重庆市社会发展速度的加快，越来越多的年轻人，尤其是少数民族年轻人不断地融入城市，不断地被主流文化同化，他们的原生态文化在多变和趋时尚的现代化潮流中不断地湮灭，他们的原生态文化的生存空间在主流文化的重重压力下不断被压缩。由于不断地涌向城市谋生已经成为年轻人的一种趋势，现代年轻人几乎已经完全被主流化。传统文化，尤其是少数民族文化已经不断地"博物馆化"和旅游市场化，成为"参观"而不是"生活"的地方，从生动鲜活的生活实际之间被剥离出来，已经蜕变为一种"死"文化。

如国家级非遗项目"梁平癞子锣鼓"，自二十世纪八十年代以来，随着经济的发展、文化的进步、娱乐形式的多样化，自由传承方式很大程度上也制约了癞子锣鼓的发展。近三十多年来，许多锣鼓艺人相继去世，无法组成完整的锣鼓班子，形成了串班现象。开始由两个班子组合成一个班子，到后来三个班子组合成一个班子，四个班子组合成一个班子……，呈逐年递减趋势。癞子锣鼓面临青黄不接、日渐衰落的严重状况。值得关注的是，现在由以前各个镇乡拥有二十多个锣鼓班子，到现在东拼西凑，一个镇乡也就剩下一到两个锣鼓班子，而大多数的镇乡已经失传，没有锣鼓班子了，剩下的锣鼓艺人都是六七十岁以上的老人。我们从众多的锣鼓老艺人身上，感受到他们对癞子锣鼓的热爱与执着，从他们的眼中看到了他们对梁山锣鼓现状的忧虑和无奈。他们感叹道："我们岁数大了，打一年算一年，打死一个少一个，等几年后我们这代人死完了，癞子锣鼓也就失传啰！"从他们简单朴素的话语中，透露出癞子锣鼓濒临灭绝的危机所在。

四、前行：在蹒跚中艰难发展

面对非遗保护的艰难现状，自2018年开始，重庆市多措并举推动非物质文化遗产保护。新增国家级传统工艺工作站1个、国家文化部非遗保护传承观察点1个、国家级非遗代表性传承人20人、市级代表性传承人142人、市级非遗生产性保护示范基地52个、市级传承教育基地54个，8个国家级非遗项目入选国家传统工艺振兴目录（首批），涌现全国非遗保护先进集体1个、先进个人3人。

在具体的保护措施方面，重庆市有以下行动。

首先，强化政策体系建设，提升非遗科学保护水平。一是参与国家非遗保护重大文件起草，如参与国家文化部《关于进一步加强非遗保护工作意见》《国家非物质文化遗产保护专项资金管理办法》《国家级文化生态保护区管理办法》等重大文件的起草、修订工作，为完善中央非遗保护顶层设计贡献重庆智慧。二是认真落实传统工艺振兴计划，完成《重庆市传统工艺振兴计划》文稿起草，近期将由市政府正式印发，进一步提高非遗保护的科学性、针对性。三是完成了对渝东南文化生态保护区的总体规划，完成了《武陵山区（渝东南）土家族苗族文化生态保护实验区总体规划》上报工作并通过国家文化部专家论证会，同时完成市级文化生态保护区《长江三峡（重庆）文化生态保护实验区总体规划》初稿，文化生态整体性保护体系日渐完善。

其次，创新生产性保护方式，推动非遗融入生活，焕发活力。一是设立非遗产品及衍生品扶持资金，每年筛选15~25个适于生产性保护的非遗项目，按照10~15万元标准补助，激励区县创新生产性保护举措，帮助企业研发产品，推动非遗走进市场、融入生活、激发活力。二是强化非遗生产性保护平台建设，新增市级非遗生产性保护示范基地52个（总数87个）、非遗展厅15个，20个古镇和传统文化村落进入国家文化部非遗特色小镇培育名单。三是拓展演艺类非遗传承人群活动平台，组织700余名民间文艺选手参加第一、二届重庆市民间文化艺术之星选拔赛，评选"民间文化艺术之星""民间文化艺术之秀",探索演艺类非遗项目生产性保护方式、途径。四是推动"非遗进商圈"成效显著,成功举办"首届重庆文化惠民消费季之非遗创意集市嘉年华""中国文化和自然遗产日"重庆主场活动——重庆非遗暨老字号博览会(第二届、第三届),为非遗成规模入驻核心商圈搭建桥梁。

再次,扩大非遗传承人群,增强传承动力与活力。一是扎实推进非遗传承人群研修研习培训方式,组织市内高校开设研修培训班6期,委托外省高校举办研修班1期,培训学员300余名,提升学员技艺水平。二是加大传统工艺工作站建设力度,依据重庆传统工艺保护传承实际需要,设立北京服装学院驻荣昌区夏布传统工艺工作站,帮助夏布企业和从业者发展夏布产品和品牌,提高竞争实力。三是扩大非遗传承主体和平台建设,新命名国家级代表性传承人20名、市级代表性传承人142名、市级非遗传承教育基地54个,全市累计命名国家级、市级代表性传承人分别达到60人、711人,市级非遗传承教育基地总数达到109个。四是加大非遗文化宣传力度,开展非遗进校园、进课堂活动,以"传承中华传统工艺,文化遗产走进校园"为主题,今年以来组织区县级以上非遗项目1300余个,对600余所中小学校的80余万师生进行非遗节目展演和传统文化教育。五是启动"传承人对话"活动。围绕贯彻落实党的十九大精神和"传承与创造""传统在身边"两大主题,组织7期分享沙龙,邀请70余名专家、学者、手工艺人举行圆桌会议,展出作品1400余件,帮助传承人提高传统工艺产品的设计、制作水平和整体品质,得到文化和旅游部重点资助。

最后,广泛开展社会宣传,营造非遗保护社会氛围,让非遗保护理念深入人心。精心选派非遗项目、传承人参与成都国际非遗节、黄山国际非遗大展、长江非遗大展等全国性重大非遗主题活动,面向中外游客展现巴渝传统文化魅力和重庆非遗保护成果,得到文化和旅游部领导的肯定。精心筹备重庆文化遗产宣传月,推出"振兴中国传统工艺系列活动"等9大版块共220多项活动,指导各区县以非遗主题展、非遗进校园、文化创意产品及衍生品展销等多种形式来进行非遗宣传,营造"人人参与,人人保护"、鼓励传承优秀传统文化的良好社会氛围。启动重庆首届十佳非遗手工技艺传承人评选，吸引 200 余名手工艺人参评，有力弘扬了巴渝工匠精神。稳步推进非遗专题片摄制播出工作，编辑出版《巴渝国宝》音像制品和图书，向全市所有公立中小学、职业技术学校和公益性文化单位赠送 13,000 套，启动市级非遗系列专题片《重庆瑰宝》摄制工作，目前已摄制完成 52 集。

但总体而言，重庆的非遗保护工作仍然处于"青黄不接"的状态。面对现代传媒的冲击，年轻的传承人稀缺，传统技艺渐与时代脱轨，缺乏市场活力，宣传普及度不高，传统技艺渐为大众所"遗忘"。尤其是以渝东南地区为代表的少数民族非物质文化遗产圈，由于自身存续本民族传统文化的能力较弱，民族非物质文化遗产的保护状况更加令人关注与担忧。随着经济社会的快速发展，这些民族的传统生产生活方式正在发生翻天覆地的变化，传统的建筑、生产工具和生活用品等整体性消失速度逐年加快，如果不及时抢救和保护，假以时日，一些珍贵的文化遗产必将湮灭于历史的长河中。因此，在人口较少的民族开展非物质文化遗产的抢救和保护工作刻不容缓。

第三节　现代与未来：重庆非遗管理数字化发展的可能性

信息化时代，文化领域的科技应用日趋常态化，文化公共服务能力和文化产业转型升级发展水平均得到有效提升。非遗作为近年来备受重视的保护对象，在数字化保护方面做了一系列重要且颇有成效的探索。有关部门从颁布法律、出台意见和启动数字化试点工程等方面，多角度对非遗调查记录的技术手段和成果提出相关要求，有效调动了社会各界参与非遗数字化保护工作的积极性。随着相关技术的日趋成熟和融媒体平台的多业态发展，非遗在传统媒体之外，"走"上舞台、"走"进屏幕的机会越来越多，非遗相关内容传播的需求不断增强，当前，非遗保护工作重传承、重传播，特别是借助传统节日、节庆和博览会等活动，大力开展非遗主题展示传播工作，在传播队伍、传播渠道、传播品牌活动、传播能力建设等方面取得成效。

一、非遗保护的数字化现状

2011年，中国的非物质文化遗产数字化保护工程正式启动。此项工程受到国家文化部、中国艺术研究院领导的高度重视和支持，在两年多的时间里，非遗数字化保护中心按照非物质文化遗产数字化保护工程建设的总体规划要求，对数字化保护进行反复研究不断探索，主要做了5项工作：非遗数字化保护标准规范的制定；国家非遗数据库建设；非遗数字化管理系统软件的研发；中国篆刻艺术应用软件的研发；非遗数字化保护的试点工作。在政策的支持下，同时顺应"互联网+"时代，中国多地开展了非遗数字化保护工作，如北京故宫博物院的"数字故宫"、南京大学的三峡文化遗产数字化展览工程和敦煌艺术的数字化保护技术研究等，对传承与传播非遗文化起到了积极作用。

比如，每年的6月12日是中国一年一度的"文化和自然遗产日"，按照惯例全国范围内将前后将举办数千场相关活动。但疫情暴发以来，在疫情防控常态化下，"云游非遗"成为百姓欣赏非遗文化，体会非遗精神的重要载体形式。事实上，随着人工智能、数字化等新技术的进步和广泛应用，"云游非遗"的展现视角和形式日益丰富多样，也让非遗保护和传承打破了传统界限，更利于传承与保护。作为国内领先的智能影像生产技术提供商及应用方案提供商，影谱科技运用智能影像和数字孪生技术，对贵州苗族蜡染工艺进行直观展示，为传统工艺振兴和文化遗产保护传承提供自己的方案，带来新科技视角下的非遗传承与发展模式。不同于传统影像的简单记录，影谱科技对非遗文化产品进行数字化处理，对包括产品外形、材质、特征、说明、内部形态等在内的多维度信息进行数字化解构，对应用场景进行多维可视化展示，对生产过程进行视觉化和数字化表达，让贵州苗族蜡染工艺展示突破物理界限，助力非遗传承与保护。

再如合肥市借助三维扫描、数据融合、三维建模、三维注册等技术，对合肥文化馆中展示的主要非遗项目的信息进行数字化整理，包括项目起源发

第二章 重庆地区非物质文化遗产的生存现状与问题

展、代表人物、代表作品、传承技艺、创新演绎等，从而通过数字化转化初步建设相应的非遗数据库。借助扩展现实技术，为社会大众提供基于智能终端的文化获取服务。经过数字化展示能力完善的非遗展示场馆，能够让参观者通过手机摄像头就可以沉浸式的体验以图文、声像、动漫、游戏、三维等表现手法制作的非遗展示内容。同时设立非遗体感互动展区，参观者可以借助人机交互技术通过智能终端与"活起来"的非遗进行互动。通过参与体验游戏，可以让参观者在生动有趣的体验过程中感受非遗的魅力和精神，并分享传播出去。

实际上，近些年来，国内不同的机构组织都在不间断地做着基础性的数据调查与数字化工作，包括大量信息的采集、文档的扫描、老照片的翻拍、音视频的转录等，但由于知识产权等诸多顾虑，目前这些数据资源大多处于内部保管状态，没能在互联网上进行广泛传播。为了让数字化更好地在非遗保护与传承中发挥作用，在非遗数字资源的传播环节，我们呼唤的是更为开放、主动的现代传播姿态。就确保非遗生命力和自然传承的"终极目标"而言，强调非遗数字资源保存价值的同时，更要挖掘其传播价值。

在开放的传播姿态之外，我们还需要一些大众传播中的娱乐精神。例如，在非遗数字化传播中，为了让年轻人更轻松地理解，在描述与阐释非遗方面可以使用视听语言、多感官语言、可交互语言等。例如，传统节庆仪式类的非遗项目，由于数字化对象是一个贯穿时空、多维立体的"文化空间"，所以，在音视频记录之外，在资金与技术有保障的情况下，可尝试采取数字化多媒体领域的新技术手段，如三维动画、虚拟现实等。有时，我们要勇敢地用手中的媒介创造一些有关非遗的虚拟数字内容，当然，它们的内核是用来加深大众对非遗的理解。要知道，创造一些不借助技术就不能存在的内容，这一点在最初的非遗数字化保护中是并不被看好的。如今看来，就非遗的共享与传播而言，引进新技术实现超现实的、全息化的非遗数字资源访问体验，代表着未来发展的方向，这将逐步发展成为辅助保护与传承行为的重要手段。

二、非遗保护的数字化趋势

在新的时代历史条件下，结合社会各种力量的资源优势，依托非遗文化的特质文化气息，运用新媒体、新技术和新载体，推动非遗文化与现实社会的有效融合，实现中华优秀传统文化在传承保护中焕发新气象就是当今非遗文化的传承生态系统本质。当今时代数字化技术广泛渗透到当前社会各个领域，非遗文化要实现创新发展就要紧跟当前数字信息化浪潮，利用数字信息化带来的技术变革创造性地改造文化表现形式，充分挖掘优秀传统文化价值，运用数字技术实现非遗文化创新转化，进而实现对非遗文化的传承、保护和发展。

（一）非遗数字化已成热门话题

非遗数字化主要包括对非遗的数字化采集、存储、管理、展陈和传播等几个工作环节。非遗与数字化之所以能够互相借力，从非遗数字化的对象来看，这是由非遗天然存在形态所决定的。非遗借助民众口头演述、手工制作等民俗传统而传承，因而也就主要以声音、手工艺品、文化空间等表现形式为载体，而这些载体恰恰可以借助数字化手段实现数字格式存储。

非遗数字化的优势在于，社会大众一方面可以从非遗数字化成果中方便地找到个人比较熟悉的、与自身生长文化相关的内容，从而产生情感共鸣点，另一方面也可以从非遗数字化成果中快捷地了解到自己相对陌生的其他区域文化和地方性知识，产生进一步了解的兴趣。而且，非遗数字化成果所展陈的知识与以往其他直线式地推送给大众不同，借助大众与数字化成果的人机互动过程，依靠关联关系以网状知识的形式让大众习得，真正将非遗的现代传承环境和传承过程"虚拟化"，加深了大众印象。目前，我市非遗数字化工作正呈现出上升态势，但总体上还处在起步阶段。

（二）非遗数字化可以优化非遗文化传承渠道

近年来，非遗文化传承渠道的数字化、科技化趋势日趋明显，尤其是随着移动互联网技术日趋成熟，并逐步被运用到社会生活各个领域中，非遗文化传承渠道的数字化潮流已然成为一种不容忽视的潮流。与传统人工或软件技术相比，数字信息技术在信息收集、存储、挖掘或者整合分析等方面，有着更为成熟的数据集合处理优势，使得人们的决策行为建立在事实及数据客观处理基础之上，从而提升对信息资源的综合整理能力。因此依托大数据技术来处理非遗文化信息的采集、存储乃至传播、利用，可以优化非遗文化传承渠道，更为迅速地实现非遗文化的有效传播，实现传统资源和现代技术的有机对接和融合，从而为非遗文化传承提供更为便捷的机遇和手段。

（三）非遗数字化能够促进非遗文化资源的产业化

文化资源产业化是文化产业持续发展的物质基础，非遗文化的传承发展需要依托各类型文化市场主体。当前我市文化领域的众多经营者是非遗文化传承的重要载体。随着中国非遗文化的知名度不断提升，国内外对于中国非遗文化的需求不断增加，非遗市场规模也会不断扩大。以文化市场为例，2019年的中国文旅市场规模接近5200多亿元，其中涉及非遗文化元素的比例高达62%，同时非遗文化旅游观光人数同比上涨近9%。因此，未来要维持非遗文化市场的良性健康发展，就应引导相关企业对非遗文化资源进行有序开发、保护和利用，避免恶性竞争与假冒伪劣产品，依托非遗文化元素进行文创，并通过数字信息技术充分挖掘非遗文化中的传统人文精神，实现非遗文化资源的创新传承与发展。

第三章　环境重构：数字技术对非物质文化遗产传承的影响

中华历史五千年，其璀璨夺目的文化遗产瑰宝滋养着代代中华儿女的灵魂与思想。文化遗产是人类智慧的结晶，是经过岁月沉淀积累下来的历史产物，是历史和先祖赠送给后辈子孙们的宝贵礼物。文化遗产中凝聚着一代又一代人们生活生产和工作经验的智慧，它们弥足珍贵又历久弥新。中华民族迈在文化自信的大道上，一定要坚持保护好、守护好、展示好、传播好和发展好现有的文化遗产，不遗失中华文化之瑰宝。总体而言，文化遗产分为物质文化遗产和非物质文化遗产。物质文化遗产更可见、可得，保护起来相对容易，而非物质文化有的无形，有的甚至无影，更难以保存和传播，更需要引起广大群众的关注和守护。

根据联合国教科文组织《保护非物质文化遗产公约》（下称《公约》）下的定义，"非物质文化遗产"是指被各社区群体（有时为个人）视为其文化遗产组成部分的各种社会实践、观念表达、表现形式、知识、技能及相关的工具、实物、手工艺品和文化场所。这种非物质文化遗产世代相传，在各社区和群体适应周围环境以及与自然和历史的互动中，被不断地再创造，为这些社区和群众提供持续的认同感，从而增强对文化多样性和人类创造力的

第三章　环境重构：数字技术对非物质文化遗产传承的影响

尊重。①《公约》概括的非物质文化遗产包括：①口头传统和表现方式；②表演艺术；③社会实践、仪式、节庆活动；④有关自然界和宇宙的知识和实践；⑤传统手工艺。我国于2011年6月1日起施行的《中华人民共和国非物质文化遗产法》定义的"非物质文化遗产"，是指各族人民世代相传并视为其文化遗产组成部分的各种传统文化表现形式，以及与传统文化表现形式相关的实物和场所。包括：①传统口头文学以及作为其载体的语言；②传统美术、书法、音乐、舞蹈、戏剧、曲艺和杂技；③传统技艺、医药和历法；④传统礼仪、节庆等民俗；⑤传统体育和游艺；⑥其他非物质文化遗产。可见，对于非物质文化遗产而言，有的种类难以呈现一种实物或者一个作品，它具有一定的隐藏性、抽象性和非稳定性。

截止到2020年12月，中国已有42个项目被联合国教科文组织列入非物质文化遗产名录（名册），位居世界第一。但是针对不同地区的非物质文化遗产的保护和传承工作却仍旧呈现出参差不齐的状态，需要加强各地方对非物质文化遗产保护传承的重视。尤其是在信息技术日趋发展的当下，如何利用先进前沿的数字化技术驱动地方性非物质文化遗产的保护和传承，需要越来越多人倾注心力来研究与实践。

在这样的大背景下，本章节重点来探讨数字技术的影响下，非物质文化遗产的保护与传承面临着哪些新的机遇和挑战，非物质文化遗产传承保护即将迎来的是一个怎样的现实环境。

随着互联网的诞生，人类的生存发展进入了互联网时代、数字化时代、移动互联网时代和智媒体时代。其实，不管采用哪个标签来定义当前的时代，所回应的都是一个中心观点，即日新月异的数字化技术对人类生活的影响越来越深远，大大超出了之前任何时代。相较于传统电子媒介，数字化传播集文字、图片、声音、影像等多种呈现方式于一体，并借助大数据算法技术和智能推送实现点对点的精准化传播，传播的手段和渠道表现出了极大的融合性和延展性。甚至可以毫不夸张地说，数字化技术正改变着我们的生活、刷

---

① 龚诗尧：《影像记录非物质文化遗产的方法研究》，载《今传媒》，2019年第8期第21页。

新着我们的认知、驱动着人类的发展,人类实然成了一种"数字化生存"状态。

美国学者约翰·帕夫利克(John Pavlik)在《新媒体技术——文化和商业前景》给"数字化"下了一个定义,称"数字化是指把模拟信息转换成计算机能读取的由0和1组成的信息,在数字格式中,音频、视频和文本信息能混合在一起并融为一体"[1],他认为"数字化大大加大了人类信息传递的可能性和效率,使人类的交往传播变得更加智能和可看见,促使从机器到人的信息传递比人与人之间的信息传递还要容易。同时,各种信息类型之间的差异也越来越模糊,字幕、单词、图片、声音,甚至味道、气味,或许还有感觉,某一天都能够以同样的数字格式被存储、处理和传播"[2]。数字技术带给人类以及文化产业发展的变革超乎人类的想象,就如同人们30余年前无法预见和判断互联网为人类带来的深刻影响一般。当前,数字化技术发展日新月异,譬如现在被互联网市场与资本市场炒得如火如荼的大数据、物联网、云计算、区块链、人工智能等都是属于数字化技术范畴。美国学者丹尼尔·伯勒斯(Daniel Burrus)曾经在《技术趋势》(Technotrends)一书中谈论了20种决定未来的核心技术,排在前11位的核心技术分别是:遗传工程、高级生物化学、数字电子学、光数据存储、高级视频显示、高级计算机、分布式计算、人工智能、光纤、微波和高级卫星技术。在伯勒斯提出的前10大技术中,基于介质和传输的技术(我们姑且称之为数字传播技术)占了7种,这表明数字技术中的数字传播技术在当前和未来的媒体和社会中所起的重要作用不言而喻。

数字化技术对非物质文化遗产的传承保护赋予了先天性的优势和便利,采用数字技术对非物质文化遗产主要包括"采用数字采集、数字存储、数字处理、数字展示、数字传播等技术,将非物质文化遗产转换、再现、复原成

---

[1] [美]约翰·帕夫利克:《新媒体技术——文化和商业前景》,周勇译,北京:清华大学出版社2005年版,第127页。

[2] [美]约翰·帕夫利克:《新媒体技术——文化和商业前景》,周勇译,北京:清华大学出版社2005年版,第127页。

第三章 环境重构：数字技术对非物质文化遗产传承的影响

可共享、可再生的数字形态，并以新的视角加以解读，以新的方式加以保存，以新的需求加以利用"[1]。随着信息技术的更迭发展，推陈出新的技术可以大大地提升非物质文化遗产的魅力，其主要表现在对现非物质文化遗产保留、采集、存储、再现、复原、传播、传承提供了更为广阔的空间。

其实，关于数字技术（电子媒介或者新媒体技术）对人类生活及文化传播的影响，许多学者都曾有过关注和提及。美国学者约书亚·梅罗维茨（Joshua Meyrowitz）在《消失的地域：电子媒介对社会行为的影响》一书中论到"媒介的演化降低了'亲身参与'对于经历人物和事件的重要性。现在人们可以在不亲身参与的情况下就能观看社会表演；人们可以不必在同一个地方会面就能'直接'交流。物质结构曾经将我们的社会分隔成许多用于交流的空间环境，因此这些有形的空间结构大大降低了其社会重要程度"[2]。美国学者保罗·莱文森（Paul Levinson）曾经发表过这样的观点："任何信息技术所产生的影响都是复杂的意料之外的结果，加上我们能够对信息技术所产生的影响进行评价和可能的调整——我们登上了一个有关信息技术发展历史和发展未来的旅程，一个信息技术的发展如何对我们的世界产生影响的旅程，一个信息技术的发展将如何影响未来世界的旅程。"[3] 加拿大著名传播学者哈罗德·亚当斯·英尼斯（Harold Adams Innis）则认为："不同的媒介对控制有着不同的潜力。不能广泛传播的媒介，或者需要特殊编码和解码技巧的媒介很可能被上流阶层所利用，他们有时间和来源获得这些媒介。相反，如果一种媒介很容易被普通人接触到，它就会被民主化。"[4] 加拿大著名学者马歇尔·麦克卢汉（Marshall Mcluhan）认为："电子媒介就像是我们神经系统

---

[1] 黄永林、谈国新：《中国非物质文化遗产数字化保护与开发研究》，载《华中师范大学学报（人文社会科学版）》，2013年第3期第49页。

[2] [美]约书亚·梅罗维茨：《消失的地域：电子媒介对社会行为的影响》，肖志军译，北京：清华大学出版社2002年版，第2页。

[3] 陈力丹：《试看传播媒介如何影响社会结构——从古登堡到"第五媒体"》，载《国际新闻界》，2004年第6期第33页。

[4] [美]约书亚·梅罗维茨：《消失的地域：电子媒介对社会行为的影响》，肖志军译，北京：清华大学出版社2002年版，第13页。

的延伸，覆盖了整个地球。电子感应器（数字化技术的一种）使我们返回了乡村一样的环境，只不过是一个地球大小的村庄。电子媒介广泛使用的结果，使我们每个人都卷入到了别人的事务中去，而依赖印刷的权力派遣、民族主义和线性思维的主张出现了衰落。"[1]国内知名学者喻国明把互联网称为是"一种激活个人要素的'高维媒介'，互联网比过去所面对的那些传统媒介都多出一个维度，生长出一个新的社会空间、运作空间、价值空间"[2]。美国学者凯文·凯利（Kevin Kelly）说："如果科技是人类的延伸，那么这种延伸并非出自基因，而是来自我们的心智。因此，科技是思想延伸出来的形体。它的进化过程也在模仿基因生物体的进化过程：由简至繁、从笼统到具体、从单一性到多样性化、从个人主义到共生主义、从浪费能源到高效生产，也从缓慢的变化转变为更强的可进化性。"[3]

虽然说以上学者谈论的是电子媒介（数字化技术的媒介表现形式）对人类整体文化行为的影响，但是笔者认为以上的影响其实也适用于非物质文化遗产传承和保护这个专门领域。因为物质文化遗产总归是人类创造的文化的一部分，传承即传播。延续数字化技术对人类产生深远影响的逻辑，此处我们重点来讨论数字化技术对非物质文化遗产的传承所带来的影响。诚然，数字化技术作为一种客观存在，它带来的影响有积极的一面，也有消极的一面：一方面革新了拉斯韦尔提出来的经典的"5W"传播环节，另一方面也惰化了人的深度思考，人类被自己创造的东西所异化。

---

[1] ［美］约书亚·梅罗维茨：《消失的地域：电子媒介对社会行为的影响》，肖志军译，北京：清华大学出版社2002年版，第15页。

[2] 喻国明：《媒介革命——互联网逻辑下传媒业发展的关键与进路》，北京：人民日报出版社2015年版，第2页。

[3] ［美］凯文·凯利：《科技想要什么》，严丽娟译，北京：电子工业出版社2020年版，第403页。

第三章　环境重构：数字技术对非物质文化遗产传承的影响

第一节　数字技术对非物质文化遗产传承的积极影响

　　数字化技术可谓是为非物质文化遗产的保护、再现和传承提供了一个新的传承保护理念，提供了一种新的复现技术，提供了一种更有利于外界老百姓了解、观览和使用的一种先进的技术手段，它可以大大提高非物质文化遗产传承保护的工作效能，大幅提高传播沟通交流的整体效率。因为，数字化技术对于传统领域的要旨是要将一切媒介及其有关要素结合起来进行信息传输，不拘泥于某一种传播形式（如电视、广播、智能手机等）和传播样态（如文字、图片、音频、视频）。所以，数字化传播时代，任何信息的传播仅靠传统单一的传播途径早已不能满足现代受众们的需求了。在这种趋势下，信源机构对信息和知识传输的渠道越来越依赖于网络，人们获取信息和消费文化的平台也渐次转移到了移动终端。如梅罗维茨所言"几乎所有评论过电子媒介的人，无论是偶然的观察者还是专门的研究者，无论是褒是贬，他们都知道，电子媒介能够绕过以前传播的种种限制，改变了传播变量中空间、时间和物理障碍的重要程度"[1]。当前，数字化技术催生了新的传播介质和传播方式，传播渠道的七横八纵，传播方式的五花八门以及传播效果的"一地鸡毛"是当前传播领域中的一道"乱花渐欲迷人眼"的景观。[2]

　　作为人类文化知识宝库中的一个分支，非物质文化遗产的传承环境和传承方式也与时俱进地发生着变化与革新，具体表现在传承主体的拓展、传承场域的变迁、表现形式的改变、保存工具的迭代、传播渠道的升级和传播效果的提升。从文艺作品的传播环境、受众观看习惯、作品呈现形式、作品宣

---

[1] ［美］约书亚·梅罗维茨：《消失的地域：电子媒介对社会行为的影响》，肖志军译，北京：清华大学出版社2002年版，第1页。

[2] 喻国明：《媒介革命——互联网逻辑下传媒业发展的关键与进路》，北京：人民日报出版社2015年版，第4页。

传阵地和信息反馈方面都发生了嬗变。

一、传承主体的拓宽

传承即传授和继承。传授和继承既包括一对一的传授和延续，也包括一对多的对外传播。不管是哪一种传承方式，现在的传承手段都变得丰富多元了，传统的非物质文化遗产的传承保护主要是依靠拍照、采访、记录、收藏等传统方式，现在的保护传承方式包括图文扫描、立体扫描、全息拍摄、数字摄影、运动捕捉等。不可否认，瞬息万变的新媒介技术为一切形态的非物质文化遗产的记录、保存、再现与对外传播都提供了先进的手段和传承的便利。在技术推动下，非物质文化遗产的传承与传播将会变得越来越兴盛繁荣。与此同时，参与到非物质文化遗产保护和传承的主体也由传统的非物质文化遗产继承者、馆藏工作人员向外拓展，越来越多的网民出于兴趣和情怀主动参与到非物质文化遗产的保护和传承工作中，传承的主体范围从专业群体拓展到了非专业群体。

随着信息技术的发展，传播媒介呈现出"去中心化"和传播技术的"低门槛化"，这为非物质文化遗产的传承与传播提供了更多可能。在数字化时代产生的第一个变化是传播主体的变化。传播主体的变化，即传统的主流媒体才享有的传播权现在下沉到了每个网民，传播者泛化到了每个受传者。每个自由人通过在社交媒体上建立一个自媒体账号都可以实现信息的发布、转发、评论，乃至于发起一起全国人民关注的热点事件都有可能。关于移动互联网时代传播主体的变化，喻国明老师提出了"微粒化社会"的学术术语，他说："新媒介所提供的新连接作用于'社会构造'的第一个显著效应就是对于传统科层制社会的结构，并进而形成所谓'微粒化'社会。"[1]微粒化社会回应了社交化媒体发展趋势盛行下，"人人都拥有麦克风"，人人都是传播者的现实，传统媒介时代中媒体垄断的信息发布权、议题设置主导权纷

---

[1] 喻国明：《传播学的未来学科建设：核心逻辑与范式再造》，载《新闻与写作》，2021年第9期第5页。

第三章 环境重构：数字技术对非物质文化遗产传承的影响

纷被消解。人人都是"受传者"（即人人都兼传播者和接受者于一身）、"产消者"（即人人都是兼生产者与消费者于一体）。由此进而产生出喻国明老师所说的"关系赋权"，即"在嵌套性关系网络中，个体力量在无限连接中聚合、放大、爆发，为社会中相对无权者赋予话语权和行动权"[①]。微粒化社会强调的是每个人都是传播的中心，每个人都可以参与到非物质文化遗产的保护和传承中来，每个人都可以通过"微信""微博""微视"等社交媒体实现"微传播"。如学者郑雯、施畅等提出的观点："中国网络空间正在经历深刻的底层化过程，表现在底层价值取向成为网络空间的关键立场，底层群体成为网络空间的关键意见群体，'底层客体性时代'向'底层主体性时代'的转变，成为理解网络空间演进方向的新视域。"[②] 这也回应了当前媒介内容生产从精英知识分子 PGC（Professional Generated Content）的内容生产模式转变为用户为主体的 UGC（User Generated Content）内容生产模式。

在全民都能参与内容书写、传播与消费的自媒体时代，所有用户的力量能够被积聚整合起来，积水成河，对于非物质文化遗产的传承和保护来讲，就大大拓宽了传承的主体规模。试想，非物质文化遗产能够吸引更多、更有能力的大众的力量、主体参与到非物质文化遗产的传承和保护工作中来，自然能够带动非物质文化遗产领域的繁荣发展。比如重庆合川桃片的传统手工技艺这一非物质文化遗产，就完全可以通过短视频的方式将制作过程拍摄下来，加大传播力度，实现更好的保护和传承。在这一过程中，传承的主体就由特定的小众群体拓展到了参与短视频拍摄、传播及观看短视频内容的人；再如城口老腊肉制作工艺，要对这一非物质文化遗产进行保护和传承，也可以采用现在的影像记录方式记录和存储下来，在经过授权后可以在短视频平台上实现传递和发送，每个看到的网民都可以自发地转发、点赞，渐渐地就形成一种裂变式传播和推广，当地的技艺就得到了更好的保护和继承。如此

---

① 喻国明：《传播学的未来学科建设：核心逻辑与范式再造》，载《新闻与写作》，2021年第9期第5页。

② 郑雯、施畅、桂勇：《"底层主体性时代"：理解中国网络空间的新视域》，载《新闻大学》，2021年第10期第16页。

形式，非物质文化遗产传承保护的主体范围就大大扩大了。

二、传承场域的变迁

当前，人类进入了万物互联的移动互联网时代，这对非物质文化遗产的传承和保护来讲是一个恰逢其时的好时机，在这个充满无限可能的时代，各种文化产品的传播场域变得越来越四通八达、畅通无阻。不管是一段传说故事，一支民间舞蹈抑或是一种地方戏，它们赖以依存的传承渠道变得越来越多元，传承传播的平台越来越多样，传承传递的方式越来越五花八门。概而言之，非物质文化遗产的传承场域从传统的口口相传、代际相传的小众化传承时代发展到了现在移动互联网时代的大小众化共生共长的传承时代。不仅如此，在智媒体技术的赋能下，大众、小众共生共长的传承时代又逐渐演变成了万众参与传承的"场景化时代"。也就是说在大数据、智媒体、移动互联网、云计算、物联网、区块链等先进前沿技术的加持下，非物质文化的传承传播需要经历两次传承场域的变迁。

第一次传承场域的变迁是从小众化传承时代过渡到大小众化传承时代。

非物质文化遗产的小众化传播时代的传承模式主要就是靠口口相传、手把手传授，是一种个体对个体（点对点）的小众化传递与传播。正因为如此，才导致着越来越多的非物质文化遗产不被外界大众知晓、学习乃至于对外输出传播困难，这种小众化传承模式的缺陷明显，就是传承很受限，发展链条较为封闭。在21世纪初，社交媒体发展起来后，非物质文化遗产的传承可以借助着社交媒体的优势实现大众化传承和小众化传承的融合。社交媒体依赖"圈子化"传播，是一种熟人圈的人际传承，但因为社交媒体具有全开放性和半开放性（微博、抖音、快手被认为是全开放平台，微信、QQ空间被认为是半开放平台），又能实现非物质文化遗产的大众传播。严格地讲，现在这个阶段非物质文化遗产还处于大小众传承的阶段。比如拍摄一段重庆黔江的"马喇号子"的短视频在抖音平台上，抖音平台上就可以实现点对点的人际传播，也可以流传到微博、微信等其他社交平台上实现一种大众化的传

第三章　环境重构：数字技术对非物质文化遗产传承的影响

播状态，虽然传播不全然代表传承，但是传承的基础是传播，只有更多人接受到非物质文化遗产的传播信息，才有可能传承其遗产精髓。

第二次传承场域的变迁是从大小众化传承时代进阶到场景化传承时代。这个阶段是未来即将经历的一场域迁移。喻国明老师说："场景时代是媒介作为'人的关系连接'在现实世界的最高形式。"① 什么叫作场景化传承时代呢？"互联网发展完成了随时随地与任何人链接的'上半场'后，互联网发展的'下半场'则是进一步实现在任何场景下做事（将几乎所有在线下所做的事搬到线上来做，并且更有效率，更加精彩，更具想象力的实现）的突破。"② 也就是说场景化传承传播的关键在于实现未来非物质文化遗产通过碎片化的传播。这种碎片化传播非物质文化遗产重在以人为中心、以场景为单位，力求实现更加及时、更为精准地体验与连接，其目标是为了充分满足每个用户个体在不同场景空间下的个性化需求。在技术为内容生产不断赋能的前提下，我们有理由相信，在大数据、5G、移动互联网、物联网、区块链、人工智能、传感器等核心技术的推动与发展之下，人类的生活和生存空间会更加突显"场景化"生活与生产，当越来越多的场景空间被建构出来，渐渐地，非物质文化遗产的传承一定会迎来"场景化传承时代"。

三、保存工具的迭代

非物质文化遗产总体而言是一种小众文化，易消逝，其保护与传承中最大的一个难点在于难以回归到原来的生活环境和生活方式，难以采集、保存、再现、还原和传播。好在数字技术的不断进步发展为更多的非物质文化遗产的采集、存储、再现、开发提供了更多的可能性和发展空间。在数字化技术飞速发展的当前，非物质文化遗产的保存工具发生了迭代，具体表现在采集

---

① 喻国明：《未来媒介的进化逻辑："人的连接"重组与升维——从"场景时代"到"元宇宙"再到"心世界"的未来》，载《新闻界》，2021 年 10 期第 54 页。

② 喻国明：《未来媒介的进化逻辑："人的连接"重组与升维——从"场景时代"到"元宇宙"再到"心世界"的未来》，载《新闻界》，2021 年 10 期第 54 页。

存储技术的迭代、数字化复原和再现技术的迭代、数字化展示和传播技术的迭代以及虚拟现实技术的运用等方面。保存工具的迭代主要表现在：数字化采集和存储技术提高非遗的记录和保存质量。

我国的非物质文化遗产品类众多，五花八门，对于每种不同品类的非物质文化遗产的保护、采集、记录、传承、再现与传播都需要因地制宜地采用不同的技术手段来实现，这给非物质文化遗产的传承保护工作带来了一定的难度。传统的非物质文化遗产的采集主要是靠文字描述、语音录音、拍照、录像等方式。这些方式虽然很有效，但是有时候也容易出现腐烂、失真、不清晰等问题，经受不起常年的使用和保存。学者黄永林说得恰如其分："非物质文化遗产包括传统文化表现形式和其赖以生存的文化空间，单一的数字化存储通常忽视了赖以生存的文化空间特性，很难将非物质文化遗产作为一个完整的整体给予保存。"[①]

纷繁复杂的现代传媒技术为非物质文化遗产的传承与发展提供了更为新颖的保护、呈现手段与渠道。按照学者黄永林、谈国新的论证，目前可以运用到非物质文化遗产保护领域的采集的新手段包括图文扫描、立体扫描、全息拍摄、数字摄影、运动捕捉等；可以运用到非物质文化遗产保护的数字化存储技术则包括通过数据库、磁盘阵列、光盘塔、光纤和网络连接以及一系列相关规定、协议，实现对非物质文化遗产资源的有效保护。比如北京故宫博物院专门成立了一个故宫博物院资料信息部数字传媒组，被称为"故宫里的互联网公司"，数字传媒组的团队成员的主要工作就是负责数字资源的采集、加工、利用、展示和研究，从网站到微博、微信公众号，再到APP、小程序，数字传媒组通过各种方式来呈现文化遗产。故宫推出的"玩转故宫"小程序经过了1.0和2.0版本，由故宫博物院、腾讯地图和腾讯云联合优化升级研发，小程序通过与互联网公司的跨界合作、科技融合和场景适配，为所有观览故宫博物院的游客提供全智能导览服务，让传统经典文化与新型科

---

① 黄永林、谈国新：《中国非物质文化遗产数字化保护与开发研究》，载《华中师范大学学报（人文社会科学版）》，2013年第3期第49页。

技深切交融，是利用数字技术采集故宫遗产全貌、进行电子化存储和数字化开发的一个很好范例。

四、表现形式的改变

从当前的用户消费习惯来看，用户对于文化和信息的消费有两种倾向：一是喜欢阅读短小精悍的内容；二是青睐可视化强的呈现方式。随着短视频的风起云涌，现在所有的用户消费需求都呈现出一种轻量化、碎片化、短视频化的趋势。"注意力经济"时代，对于年轻人而言，智能手机就是他们与世界交流互通的窗口，他们依赖于手机类的新媒体终端获取文化内容，但同时对于许多内容又只是在脑中一闪而过，不愿意驻足细细品味和消化，所以越短、越具有视觉表现力的内容，传播效果就越好。当前"两微一抖一快等新兴社交媒体迅速介入受众日常生活中，从观看、收听到服务、娱乐全方位影响着受众的信息接受行为"[①]。根据艾瑞咨询统计的2020年中国消费者过去接触过的内容形式情况一览显示，中国消费者最喜欢的内容形式分别是：短视频内容（占比48.4%）、直播内容（占比47%）、长视频内容（占比46.4%）、图文内容（占比43.8%）、游戏内容（占比38.6%）、音频内容（占比35.4%）、音乐内容（占比34%）。上面谈及的用户消费习惯中的第一个——"碎片化消费"。碎片化消费表现在用户对于内容的获取时间是碎片的，这决定消费者不可能花费整块的时间来进行深度阅读和深度消费，且现实也不允许他们有这种奢侈的时间和空间。与此同时，碎片化消费还表现在用户对于内容的取向是一种碎片化的内容，因为在快节奏的日常生活和工作中，用户已经用脑过度，脑部负荷过大，工作生活压力压得人不想在工作外的信息消费中再深度消耗脑力，所以他们也倾向于看那些轻松愉悦不需要动脑子的内容；用户消费习惯中的第二个——"视觉化消费"。视觉化呈现是现在信息技术发展下的一种必然趋势，视觉呈现比起传统图文呈现更直观、形象，

---

① 高贵武、赵行知：《媒介化生存与视觉化转向——短视频与传统媒体融合发展的现实路径》，载《新闻战线》，2021年第5期第53页。

更兼具趣味性，且对于内容的理解更加浅显易懂，不需要再将深奥的文本进行解码，直接直观呈现现场，所以说"视觉在传播效果和信息接收通道中具备天然的优势"，用户通过可视化的消费吸收也是对现实压抑生活的一种解压和释放。

如上所说的新媒体时代用户的消费需求的两种转向，在这两种转向下，小众的、精湛的非物质文化遗产的传承、保护工作也就应该顺事而为，在非物质文化遗产传承中的内容表现形式的创新方面特别需要考虑到广大用户群体（尤其是年轻用户群体）的消费形式和消费需求。要让更多的年轻朋友们参与到非物质文化遗产的保护和传承工作中，即需要利用现在的这些火热的短视频平台来实现内容的传输，比如通过现在火热的社交平台、抖音平台、直播平台、短视频平台等制作发布关于川剧、狮舞、踩堂戏等重庆宝贵的非物质文化遗产的短视频内容，可以是一个传承者的表演，可以是其高难度的制作工艺，可以是外界用户深入非物质文化遗产表演现场的体验感受，也可以是用户观看后的心得输出，等等，一则短小内容集成的短视频内容远胜于千言万语的文字描述，其传播的效果也大大好于小众的口口相传、手把手相授。所以，现在非物质文化遗产的传播，进入了融媒体传播时代，即利用多渠道、多平台发送文艺作品，最大限度地传播给更多的公众。其中的多渠道就是传统的纸媒、电视、广播和现在的网媒、手机媒体；多平台就是将非物质文化遗产传承传播植入到即时通信、网络视频、网络音乐、短视频、网络音频等这些平台中。借用习总书记的那句话"受众在哪里，我们的非物质文化遗产的传播和传承就到哪里"。

（一）数字化复原和再现技术真实呈现具象多元的非遗文化

非物质文化遗产的价值在于其与当时当地的生活有机融汇，其彰显的是当时当地的一种生活状态、社会和文化系统，它的存在与周围的社会环境紧密连接。另外，从非物质文化遗产的形态上来看，有的遗产表现为一种唱腔，有的表现为一种技艺手法，有的则是一段传说故事，它的形态不统一，这为非物质文化遗产的保护和传承增加了难度。但是日益进步的现代计算机图形

第三章　环境重构：数字技术对非物质文化遗产传承的影响

学、数字图像处理与虚拟现实等数字技术却能够弥补传统非物质文化遗产在复原和再现技术方面存在的短板。在非物质文化遗产的采集、再现、保护和传播的过程中，利用现代的数字化技术可以辅助固态或非固态的非物质文化遗产进行数字采集，然后对所采集内容制作成电子版格式，电子版的内容产品非常适合在网络平台上发布与流传，能够大大提高内容的传播范围。如果有必要还可以开发制作成可视化虚拟产品，比如采用二维、三维数字动画技术，记录、复现和解读非物质文化遗产的现象、场景、事件或过程，实现最大限度的可视化还原。甚至有条件的，还可以借助真实角色生成、场景搭建、动作绑定、人机交互、知识建模等技术，快速生成非物质文化遗产中的情景和行为，实现非物质文化遗产的虚拟再现、知识可视化及交互操作，使广大消费者和用户能够通过可视化的内容感知、获得非物质文化遗产的精髓，从而自发进行学习和传播。

当前的数字化还原技术使用得最多、最前沿的是虚拟现实技术，它是20世纪发展起来的一项新型实用技术，与2021年火遍全球的"元宇宙"概念技术密切相连。虚拟现实技术的优势是集合了计算机、电子信息、仿真技术于一身，通过计算机模拟虚拟三维的虚拟环境，营造一种沉浸性、多感知性、交互性等特征，深受博物馆行业的关注与青睐。在数字VR技术与文化遗产有机融入方面，故宫博物院是开发得最早且成效明显的一家，故宫博物院应用虚拟现实技术复原再现项目分为数字VR剧场和VR节目。数字VR剧场是通过使用VR系统外的投影设备在场馆内实现内容的投射放映，目前使用的前端投影系统有2K级的汞灯光源投影机，也有4K激光投影设备的投影机来实现。搭建好了VR剧场设备，连接上VR节目就可以建立逼真地视景仿真环境，对多通道投影拼接融合，利用投影机内置的自动曲面几何图像使得投影机生成图像，从而进行播放。

VR技术还可以与二维影响技术结合开发文化遗产产品。比如故宫为了更好地向广大游客和网友展示五代十国时期南唐画家顾闳中的经典画作《韩熙载夜宴图》，开发团队就将VR技术与二维影像技术融合，利用Mip

（Mip-mapping）技术，通过制作多个层级的影像贴图在虚拟相机远近不同的情况下，转换适当的影像级别，以产生更好的视觉效果，同时为了更好地满足用户的可视化交互，开发团队在移动端设备设置了3种互动模式：故事模式、分镜模式和热点模式。故事模式以自动化讲解的方式将《韩熙载夜宴图》学术研究中所得出的知识点通过简单易懂的可视化语言表达出来，形成10分钟的VR节目；分镜模式和热点模式主要面向基于数字VR剧场的学术交流，学者可以自主选择交互热点进行定制化讲解和展示。

虚拟技术通过建立三维模型，能够再现和还原一种立体的空间场景，很适合来展示一些物质文化遗产和非物质文化遗产。如前面提及的故宫博物院利用虚拟技术实现内容的再现还原和讲解置入，那么具体到西部重庆所拥有的一切非物质文化遗产也可以借鉴和参考此类技术。例如对重庆秀山花灯、丰都庙会、铜梁龙灯会这类习俗性的非物质文化遗产的额保护和传承，就可以通过3D三维建模技术，创设一个虚拟的数字人物角色带领着读者用户到虚拟空间中去领略秀山花灯、丰都庙会、铜梁龙灯会等热闹场面上的奇珍异宝和民俗民风。在虚拟空间中设置交互点击、选择、滑动的行为，给人一种身临其境的感受。看起来这是一次非物质文化遗产的奇幻之旅，实则也是一次对非物质文化遗产的相关知识的传递、传承和学习。

（二）数字化展示与传播技术营造一种沉浸式体验

数字化展示和传播技术比起传统的媒介呈现和展示技术来讲更具多媒融合性和虚拟沉浸感。尤其是虚拟技术集图像、文字、音乐、音效、视频、音频等于一身，能够创设一个虚拟的沉浸式环境，这个环境既可以是二维平面的，也可以是三维立体的，且空间环境中容纳声、光、电效果于一身，营造一种更为直观的、全方位的、多视角的空间，读者沉浸其中，获得感更强，观赏体验更佳。如学者黄永林所言，非物质文化遗产的数字化展示与传播包括三个维度，其中第一、二两个维度对于地方性的非物质文化遗产的开发、保护和传承特别适用。第一个维度是利用三维场景建模、特效渲染、虚拟场景协调展示等动画技术，对非物质文化遗产进行再现。比如重庆大足石刻文

第三章　环境重构：数字技术对非物质文化遗产传承的影响

化遗产的传承项目中，专门对大足石刻的千手观音文化进行了 3D 虚拟内容的设计、采集、开发，通过三维扫描将千手观音的真实尺寸、位置、形状、大小等具体内容制作成正射影像等多种工程图像文件，然后对不完整的数据内容进行修复设计，最终逼真地还原和再现大足石刻千手观音的整体形象。

假如第一个维度主要是使用三维场景建模技术的话，那么第二个维度则是借助多媒体集成、数字摄影、知识建模等技术综合性地建立包括文字、声音、图像、视频、知识在内的非物质文化遗产数字博物馆。比如中国北京的故宫，国内相关专家对故宫数字化再现和复原的道路探索已久，在 2021 年中国国际服务贸易交易会上，600 多岁的故宫首次以数字化形态亮相展会平台。故宫数字化再现还原采用的技术有全景摄影技术，采用 360 度全景摄影，将故宫的空间结构，里外配置都逼真还原，且全景摄像作品还能够更改季节时令，根据不同时节营造不同的面貌；此外还采用了高精度三维数字采集技术，让整个故宫充满了立体感；还借用了 VR 技术，任何一个观赏者都可以带上 VR 眼镜步入故宫，随看随听相关的讲解介绍；还使用了语音交互和人工智能技术，设计了一些与用户交流互动的小程序活动。

第三个维度是采用现在流行的小程序形式来展示和传播非物质文化遗产。现在的小程序开发主要是利用微信平台开发，小程序是一个崭新的开放的信息技术，不同的开发者可以围绕自己的用户需求、产品定位制作成形态万千的小程序流程，小程序又可以无障碍地在微信、微博等社交媒体上实现一键转发，可以迅速达成裂变的传播效应。近年来，故宫博物院依托数字化技术的炫酷呈现方式创新多种表达，其中小程序也是他们主攻的一种技术方向。比如 2019 年故宫博物院就联合微信小程序团队开发了《故宫：口袋宫匠》带领网友在家中"造故宫"。小程序里的文物图片全部来自故宫的文物的真实图片信息，通过在小程序中设置答题、游戏、竞猜等交互环节，增强用户对故宫的体验感和获得感。据负责人介绍，小程序中每个玩家都可以化身为宫廷建造大师，在宫廷御猫的陪同下，完整体验一次修建"养心殿"和"慈宁宫"的全部过程。项目负责人在介绍中称，在故宫数字化创造的过程中，他们做了许多探索，除了《故宫：口袋宫匠》，故宫博物院还开发了《故宫回声》《玩转故宫》《妙笔千山》等游戏，这些都是故宫文化与前沿数字技术进行融合碰撞创作出的适应年轻人媒介消费习惯的新型文化产品。

（三）数字化开发技术创造一种情景化传播场域

目前对于非物质文化遗产的开发、创新生产，主要是采用虚拟现实技术和元宇宙技术。虚拟现实技术如前所述，主要是通过3D拍摄，呈现360度全景的真实空间场景，再进行虚拟化空间的建构、场景的设计和故事情节的设置，尽可能再现还原现实非物质文化遗产的真实面貌。数字化开发主要是围绕着物质文化产品或者非物质文化产品创设一个内容观看、使用的场景，完成一种场景传播的使命。

当前，5G、VR等数字技术革命性迭代，为内容生产的人们所面临的场景从现实场景拓展到了虚拟场景。利用前沿先进的数字技术营造不同场景空间成为一种趋势，因为场景空间可以承载内容、社交、游戏、用户分享等多种服务，为场景中的用户提供良好的体验。如喻国明、曲慧老师所概括："场景的作用有两种：一种是在用户原来的诉求基础上提出一个解决方案；另一种则是挖掘用户潜在的痛点，提出用户尚未意识的诉求，构建一个新的场景解决用户的需求。"[①] 对于非物质文化遗产的数字化产品内容开发，开发团队可以为内容生产创设一个非物质文化遗产内容获取参观、接受文化知识、体验文化互动、消费文化乐趣的一个交互虚拟场景，用户的体验感就会大大提升。

传统表演艺术类主要是围绕视听手段来呈现，但是这种就相对缺乏场景感和沉浸感。在当前体感识别技术越来越成熟的趋势下，对于重庆酉阳的"摆手舞"、铜梁的"龙舞"、璧山的"大傩舞"、开县的"巫舞"、潼南的"狮舞"等表演类非物质文化遗产和秀山"花灯"、丰都"庙会"、万盛苗族"踩山会"、荣昌"尝新"这类的民俗盛会的非物质文化遗产的数字化内容开发就可以借助现在多元的VR、AR、NUI（自然用户界面）技术搭建一个虚拟

[①] 喻国明、曲慧：《网络新媒体导论》，北京：人民邮电出版社2021年版，第91页。

的舞台场景进行内容展示和呈现。比如在舞蹈类非物质文化遗产的数字内容中设置一些虚拟的舞台表演者,游客或者网络用户就可以通过模仿电子屏幕上的演员的对应动作来体会不同舞蹈的精髓以及感受不同舞蹈的趣味,这种搭建虚拟的舞台表演的场景来承载具象化的舞台艺术,能够给用户更加立体化、多维性、跨时空的多维感受,让人记忆深刻。通过一种场景的设置让场景营造与氛围营造来带动更多的外界用户关注。

2021年流行了另外一个概念——元宇宙,一个与虚拟现实技术密切相关的一个新概念。它也适合运用到非物质文化遗产的开发领域。维基百科中元宇宙的定义是:"一个集体虚拟共享空间,由虚拟增强的物理现实和物理持久的虚拟空间融合而创造,包括所有虚拟世界、增强现实和互联网的总和。"喻国明老师认为元宇宙有4个核心属性:"1.与现实世界的同步性与高拟真度;2.开源开放与创新创造;3.永续发展;4.拥有闭环运行的经济系统。"[1]元宇宙是一种人类利用先进的VR、AR、MR等技术营造的一种虚拟空间,空间中可以凝聚人类最大范围的无限想象力。无疑,这些新技术的融合能够对非物质文化遗产的创新开发、再造产生一种巨大的推动效应。可以想象,假如要还原重庆合川的"龙舟竞渡"的非物质文化遗产项目,借助AR、VR、5G、AI等技术建造一个虚拟世界,为每个用户塑造一个数字化身,让每个人都能够自由穿梭在现实世界和虚拟世界,这是一个多么美妙的体验。元宇宙能够打通虚拟世界和现实世界的隔阂,将两个空间连接起来,人们可以实现各个空间的自由转换,在这样一种生存状态下,所有非物质文化遗产的再造开发都变得简单易行。

五、传播渠道的升级

当前,社交媒体大行其道,如喻国明所言"新媒体所造成的'圈子化''部

---

[1] 喻国明:《未来媒介的进化逻辑:"人的连接"重组与升维——从"场景时代"到"元宇宙"再到"心世界"的未来》,载《新闻界》,2021年10期第54页。

落化'改变了人与世界的关联方式"①。一切内容产品的输出与传播的最佳渠道从传统的主流媒体转移到了人流量聚集最多的社交媒体（如微信、微博、抖音、快手、小红书等）。社交媒体依靠熟人和半熟人的圈子连接，可以最大化地实现"人传人"的裂变式传播和口碑传播。

假如移动社交媒体时代，一切的内容产品都需要有人参与和自发性的传播的话，那么对于一个非物质文化遗产的传承来说则更是如此。因为移动互联网时代的营销宣传手段和服务方式日趋多元。曾经的文艺作品的宣传大多是一张海报摆放在展馆门前，有时在电视台或者电台做做广告宣传。不得不承认，这种单一的宣传和营销方式如同"沙漏"一样，漏掉了大量的受众，其传播的范围和效果大打折扣。而在现在的融媒体环境下，许多主办方在微博、微信类的社交平台上开通了自己的官方账号，除了依赖大众媒体宣传营销外，更多是依靠自己的社交账号传播，而目标用户通过自己的自媒体账号随手转发，"裂变式"传播效应就产生了。并且，开通的社交媒体账号还方便了不能现场参展的受众。所以，曾经单一媒体的宣传正在走向多元媒体矩阵聚合性的宣传；曾经由于技术的限制不能即时满足的服务，现今在技术的支撑下，服务变得便捷而又周到。

比如重庆三峡博物馆的微信公众号"重庆中国三峡博物馆"，它既是集中宣传馆内藏品与活动的有效阵地，也是为游客提供便民语音服务的新媒体平台；既是外界了解馆内展览预告的服务窗口，又是与游览者进行有效互动沟通的便捷桥梁。再如重庆美术馆也开通了官方微信公众号"重庆美术馆"，设置了展览预告、美术课堂现场播报、展览回顾等栏目，它既是在进行美术作品的传播，又是在进行展览活动的信息公开服务。通过官方微信公众号这个小窗口，勾连起了市民游客与展馆方。我们也期待我们的非物质文化遗产传播机构将开通更多的平台窗口，将优秀的非物质文化遗产推送到更多的年轻一代的视野中。

---

① 喻国明：《媒介革命——互联网逻辑下传媒业发展的关键与进路》，北京：人民日报出版社2015年版，第4页。

六、传播用户的迭代

当前传播的受众被称为"新受众",学者丹尼斯·麦奎尔(Denis McQuail)认为,传统的受众角色将会中止,取而代之的将是下列各种角色中的任何一个:搜寻者(seeker)、咨询者(consultant)、浏览者(browser)、反馈者(respondent)、对话者(interlocutor)、交谈者(conversationalist)——"很显然,在大众受众兴起长达一个实际之后,这样一种变化也许确实堪称革命。"[①]如何理解麦奎尔的这几种新型受众的身份呢?信息化时代,信息传播的垄断权被稀释了,每个参与的受众都是一个信息搜寻的自由者,他们在网络空间中自由冲浪、漫游,获取自己需要和感兴趣的产品。同时,他们对于自己所求会千方百计地通过网络资源来满足,会借助互联网和技术的力量为自己寻找答案,他们是一个个寻求免费咨询的咨询者。他们浏览信息,是浏览者;他们热情积极地参与到网络空间中的信息创造、反馈,他们是反馈者。他们同时与所有的创作主体进行互联链接、进行交流对话,所以他们是一个与传播者平等的对话交流人。

在这样一种新型受众的发展下,很多学者认为新媒体时代的受众不应该叫受众,应该叫作"用户"。用户是对受众主动权认可后的一种更加尊重性的称呼。受众是大众媒体强势垄断时代的称呼,体现的是受众在媒体面前显得很被动,没有话语权,不能左右影响媒体的内容设置,而用户是在新媒体时代的新提法,它更加强调每个接受者的主观能动性,乃至于说每个接受者自己拥有话语权和内容的创造力。毫不夸张地说,从受众到用户称谓的转变,很好地诠释了当前媒体环境下用户的迭代现状。针对用户不同需求,传统媒体时代的"千人一面"的传播格局,过渡到了"千人千面"的格局(这得益于现在智能算法的推动,智能算法根据每个用户的需求和行为量身定制地推送精准的信息),从而现在发展到了"一人千面"的传播环境。用户变得主

---

① 喻国明、曲慧:《网络新媒体导论》,北京:人民邮电出版社2021年版,第32页。

动了,他们不再被动地接受信息,而主动地参与信息的生产和传播过程中来了。受众不是一些零散的个体,在各大平台的赋能下,用户由一个个的"点"状汇集成了一块块的"面"的状态,他们可以聚集起来制造巨大的媒介事件、舆情事件。互联网平权,用户在新媒体时代为每个人增加了一种参与信息建构的权力,这种权力赋予他们平等的话语表达的权力和自由选择信息的权力。

  接受者从受众转移到用户的这个变化过程中,会对非物质文化遗产的传承带来什么影响呢?

  融媒体时代,对非物质文化遗产传承、观看和消费的用户群体发生了迭代变化,主要表现在用户的主体参与意识进一步增强了,用户对于内容的生产能力也增强了,他们一方面在吸收、观看和消费文化产品,另一方面他们也积极参与到内容的生产、建构、传承和传播之中,他们是一个名副其实的"产销者"。他们参与新媒体时代内容书写的愿望日渐强烈,参与互联网内容建构的能力越来越强烈,参与到互联网内容评价的能力也越来越尖锐。比如现在的社交媒体平台为什么聚集人气,就是一个真实的写照,早期的 Web 1.0 时代和 Web 2.0 时代之所以没有建构出像微信、微博、抖音、快手、小红书这类如此巨大规模的内容平台,其主要的问题就是在于没有激发网友参与的积极性和热情。一个内容只有让更多人来参与生产、消费和传播了,才能够有助于其实现更好地对外推广和传承。传统的媒体传播是一种"高姿态"的传播态势,优越感十足,而新兴的网络媒体传播是一种"互动式"的传播姿态,它尤其注重拉近与受众的亲近距离。现在国家大力推动的融媒体传播战略,也是为了能够通过新媒体平台搭建一个国家与广大民众相互沟通交流的平台。国家的主流价值观需要在互动沟通中真正融于百姓心间,我们的文艺作品更是需要这种与受众互动交流的平台才能实现真正的"素材取之于民,作品享之于民"。非物质文化遗产的传承也需要建立一个反馈通道,既可以让主办方将好作品输送给观众,亦有利于将观众的好点子输送给传播方。互动的形式很多,像央视《春节联欢晚会》邀请广大的观众来扫码参与抽奖算是互动;像《中国好声音》电视节目通过在网上上传个人音乐小样 Demon 参

第三章 环境重构：数字技术对非物质文化遗产传承的影响

加初赛算是互动；像电视节目《歌手》邀请观众网上报名成为拥有评审权的"大众评审"也算是互动；抑或是通过官方微信微博账号征集文学艺术作品；抑或是线上低价或抽奖的方式邀请受众现场听歌手演唱会、话剧；抑或是主办方观看浏览视频网站中的弹幕留言、贴吧留言、豆瓣评论；抑或是回复网友在微信微博等平台的留言……这些既是营销宣传的一种手段，也是一个与受众建立长期联结的一种途径。如此，受众会感受到传播方的诚意，更愿意将内心的消费感受反馈出来。

用户的迭代除了如上体现在用户参与非物质文化遗产传承传播的激情更强了，另外还表现在用户主体作为"产消者"的这一部分群体，规模也变得越来越大了。学者蔡雯、施畅等人在研究成果中总结出了一个现象，即中国的互联网用户的更多是底层群体成为互联网参与的主体，他们对比了一组数据："2000年到2019年，美国互联网使用数据发现，美国的互联网人口始终是学历越高，互联网使用率越高，其网络空间长期由受过良好教育的中产阶级作为关键群体，掌握着核心话语权。相比之下，中国的互联网人口结构则有着完全不同的表现，CNNIC（中国互联网络发展统计中心）近20年历次中国互联网络发展统计报告显示，大专及以上学历的互联网人口占比2000年为84%，2003年为57.2%，2014年降至21.4%，2020年则为19.8%。"[①]这组数据很好的显实了，在中国的网民参与结构中，底层群众对于网络的参与热度和深度超过美国，也超出了人们的想象，所以呈现一个"底层主体性时代"的总结论。

诚然，现在的观众通过电视机看电视剧的人少了，通过腾讯视频、爱奇艺、优酷网等搜索和观看电影、电视剧的人多了；现在听传统音乐广播的人少了，下载网易云音乐、酷我音乐、QQ音乐听歌的人多了；现在买纸质小说的人少了，在"起点中文网"和"榕树下"付费阅读的人多了；现在买票去听现场演唱会的人少了，在直播平台上付费看演唱会的人多了……这些现象表明，

---

① 郑雯、施畅、桂勇：《"底层主体性时代"：理解中国网络空间的新视域》，载《新闻大学》，2021年第10期第16页。

具有消费潜力的年轻观众们对文化内容的收看、观看和消费的习惯已经发生了迁移，从线下迁移到线上，观看的媒介终端从电脑终端转向智能手机终端。比如2019年1月，中央电视台首次举行了"网络春晚"，还推出了最新的AI虚拟主播"小小撒"，取得了全国网络收视率破1.3，52城收视率破1.28，32城收视率破1.24的喜人成绩，位列三网收视率第一[1]。

所以，我们必须重视的现实是对于非物质文化遗产的继承、创新发展和对外传播，要在当下网络当道的媒介环境中获得高传播效果，必须借助时下最流行的传播形式，占领受众获取文艺作品的渠道和平台高地。当然，除了像央视那般打造专门的"网络版"节目外，非物质文化遗产的传承还可以借助现在最流行的渠道——新媒体平台，如直播、微博、微信、微视频、APP、微电影等。

七、传播效果的提升

按照拉斯韦尔的5W模式，一项传播活动则包含传播者—传播内容—传播渠道—对象—传播效果。非物质文化遗产的传承和保护工作本质上也是一项人类智慧文明成果的传递和传播工作，所以其传播的流程固然也遵循一般传播活动的流程。那么如前面所讲的在现在技术变迁发展如此迅猛的当前，信息技术引领和支撑着一切新的传播活动，自然而言也带来了更好的传播效果。传播效果可以从传播力、引导力、影响力和公信力四个方面衡量。传播力是一个媒体或者机构内容能够抵达到用户群体的深度和广度，也就是说是不是覆盖到了所有的目标群体，目标群体是不是在合适的时间和地点恰如其分地接收到了；引导力是强调媒体对用户的一种引领导向的能力，即用户在多大程度上是相信媒体的话语的，媒体的话语所产生的一种纠偏和疏导作用到底多大；影响力指一个媒体的价值，即给用户带来的多大程度的改变，比如在思想上的影响，在价值观、人生观的引领和教育作用；公信力即老百姓

---

[1] 刘书田：《中央广播电视总台网络春晚 有温度的高科技视听盛宴》，载《人民日报海外版》，2019年1月17日。

对媒体的信任程度,只有百姓愿意信任媒体,才能建构起媒体的价值。传播力、引导力、影响力、公信力虽然是对党领导的新闻舆论工作总体传播效果的要求,其实,这四个方面的指标也可以用来衡量和检验一切的传播活动。

首先,衡量非物质文化遗产传承非物质文化遗产的传承传播的效果可以从传播力、影响力和公信力三个维度来进行判断。其中,传播力指的是抵达用户的潜力、效力和能力;影响力指的是传播的广度和深度;公信力指的是取得公众信任与认同的能力。融媒体时代,技术不断为内容产品赋能,以正常的逻辑来讲,其传播力、影响力和公信力都会大大增强。按照暨南大学刘涛老师的观点,"传播力建设的关键是创新表达形态,影响力建设的关键是创新传播方式,公信力建设的关键是内容价值的创新"[①]。

新媒介技术不断促进着非物质文化遗产的挖掘、发现和创新传播,这种传播凭借着短视频、直播、动画等新型的表现形式和抖音、快手、微视、小红书等人气旺盛的新媒体平台,也借助着三维建模、多媒体集成、数字摄影、知识建模等前沿的信息技术,使其传播的沉浸性、交互性和渗透性都大大好于从前,所以,其传播力、影响力和公信力自然会扶摇直上。

如前所述,新媒体技术与时俱进不断升级换代,非物质文化遗产的传承和保护也要更新迭代,在非物质文化遗产的采集方面,采用先进的三维扫描、360度全景拍摄、运动捕捉等技术,可以大大提高非物质文化遗产的传播质量;在储存方面,借助大数据、云计算等技术可以扩充储存的规模和质量,并便于互联网传播;在再现利用当前的VR虚拟现实技术、AR增强现实技术、MR混合现实技术可以提高非物质文化遗产的可视化质量;在传播方面,借助当前迅猛发展的5G、移动互联网、光纤、短视频平台等技术或平台,非物质文化遗产的传播与对外宣传会迎来广阔空间。总而言之,以上所提及的数字技术和手段都会有助于非物质文化遗产的对外输出和传播,提高文化本身的观赏性。借助虚拟技术集图像、文字、音乐、音效、视频、音频等于一身,通过创设一个虚拟的沉浸式环境,呈现二维平面、三维立体的空间环境,将声、

---

① 刘涛、谷虹、黄雅兰等:《融合新闻学》,北京:高等教育出版社2021年版,第69页。

光、电产生的效果融入到非物质文化遗产的数字产品开发与创作中,能够大大提高非物质文化遗产的表现力、保存力和传播力。

其次,衡量非物质文化遗产传承保护的效果还可以从读者用户的认知、行为和态度三个维度来讨论。所谓的认知即一个人的观念、看法和知识素养。第一个维度考查非物质文化传承的效果则主要取决于外界受众(用户)对该非物质文化遗产的认知程度,即外界用户是否知晓该物质文化遗产,是否对其感兴趣,以及对该物质文化遗产知晓的程度深浅。比如重庆本地的非物质文化遗产中,川剧、摆手舞、川江号子、秀山花灯、评书、蜀绣、合川桃片、永川豆豉、丰都庙会、荣昌折扇、铜梁火龙等非物质文化遗产由于大众对其知晓的程度更深、传播更广,则其传承的效果相对就好一些。相反的,有些非物质文化遗产在大众媒体和新媒体平台上少被提及,用户闻所未闻,则其传承传播效果就更差些。第二个维度是行为,即外界用户、游客等对非物质文化遗产的观赏、学习及传播的行为活动。一般来讲,外界大众对该非物质文化遗产的参与程度更深,采纳的相关行为更多,则就表明该非物质文化遗产的吸引力更大,价值越大,其传承效果和对外传播的效果就会更好。比如铜梁的火龙已被传播到天安门表演,川剧多次登上央视舞台,传书被改变成影视剧作品,那么这些就表明外界大众对该非物质文化遗产的使用、传阅更高,传承得就更好。第三个维度是态度,态度是外界读者、受众和游客对非物质文化遗产的一种价值判断和评价。比如说到大足石雕,人人都会竖起大拇指点赞;说到重庆火锅,人们就会对其赞不绝口;说到重庆糖画,就会对其啧啧称道,等等,这些都是一种态度的显现。通过认知程度、行为参与程度和态度的评价就可以判断一项非物质文化遗产的传承效果。

总体而言,随着数字技术对非物质文化遗产的开发越来越深入的开发、挖掘、记录、存储、表现、再现、复原、传播,非物质文化遗产传承的效果会朝着越来越好的方向发展。再加上现在用户对于非物质文化遗产的兴趣越来越浓厚,人们越来越愿意参与到非遗的发现、传播、申报、传承和学习中来,新媒体技术又为草根用户群体参与非物质文化遗产的发现、传播、学习、

第三章 环境重构：数字技术对非物质文化遗产传承的影响

传承和改良提供了许多表现和展示的平台。

第二节 数字技术对非物质文化遗产传承的消极影响

数字技术是人类创造出来的一种工具。任何工具的存在都有它的优势，但同时也需要客观看到技术带来的一些负面影响，提防人类沦为技术的附庸。如那句名言所说："历史并非总是以单线展开，而是以星罗棋布、群星灿烂的方式呈现。"到底如何看到数字技术革命为人类带来的影响，不同的学者有自己不同的观点，但是总体而言，对数字技术的评价可谓是毁誉参半的。

我国著名传播学者陈力丹（一级名誉教授）老师在《试看传播媒介如何影响社会结构——从古登堡到"第五媒体"》一文的结尾处所言："一旦这些不断更新的传播科技成为我们生活中须臾不可分离的东西，那么一种新的异化或统治便产生了。人们创造了新的传播科技，会不会反过来被自己创造的东西所异化？"[1]这里所说的"异化"指的是科技发展远远超出人的控制，已经发展到了不可收拾的地步。在大家都可观看到信息技术日益更迭、俯首即是带来的便利和飞跃之际，陈力丹老师的叮嘱可以说是一语惊醒梦中人。诚然，一切的科技革命都是为人类文明发展和社会进步而服务的，不管机器智能如何往前更迭，但是始终应该坚持"人的第一性"，"以人为本"一切的技术都应该为人的发展让步，但是当科技革命已经凌驾于人的主体地位之上时，乃至于说科技已经失控时，人类将如何收场，人类应将把科技安放在何处呢？前几年学界也广泛探讨着到底是应该坚持"工具理性"还是"价值理性"，这个问题的核心与我们在这里探讨的问题是一致的。

什么是工具理性和价值理性呢？这两个概念由社会学家马克斯·韦伯（Max Weber）提出。简单地讲，工具理性（Instrumental Rationality）更加在意的是做一件事情所产生的终极效益，其带来的价值、影响和利益到底有多

---

[1] 陈力丹：《试看传播媒介如何影响社会结构——从古登堡到"第五媒体"》，载《国际新闻界》，2004年第6期第33页。

大；而价值理性则更在意的是完成一件事情的初心使命、立场和态度如何，假如一件事情即使取得了成功，但是其采用的手段不合理、不合法，这个人及事件的结局也是不受大家接纳和推崇的。就如同在电影《攀登者》中呈现出的一个故事情节，为了打破世界纪录，实现让五星红旗在喜马拉雅高峰上升起这个目标，攀登过程中是抛弃队友还是拖着受伤队友继续前行，这就是一个工具理性和价值理性的抉择。《硅谷来信》一书的作者吴军说过一句话："我们生活在世界上，是做一个有用的人，而不是一个好好先生。"这句话算是工具理性观念的一个代表。工具理性看重的是结果和成效，价值理性看中的是立场和初心。

关于科技带来的负面影响的论述，美国著名学者凯文·凯利（Kevin Kelly）在《科技想要什么》一书中也有许多论断，他说："科技永远进退两难，我们永远都得面对这个困境。科技是我们打造出的最精密的工具，它不断更新以改善人类的世界，也是不断成熟的超级生物，我们也被包含在内，遵循的方向已经超越了我们制造出的成果。人类是科技体的主宰，也是科技体的奴隶，我们的命运无法脱离这令人不自在的双重角色。因此，我们对科技永远都有矛盾的感觉，发现要做出选择很难。"[1]这话说得很严重，当人都已经沦为科技的奴隶的话，那么科技为人类生活所服务的初心和宗旨就会发生异变。科技带来的负面影响不仅仅这些，还有"个人的自由被社会束缚，因为为了秩序之故，他们不能脱离文明。科技让社会变得越强大，个人的自由度就越低。科技会毁灭自然，让自己变得更强大。但是，由于科技体毁灭性的本质，最终会崩溃。同时，科技自行扩张的缓慢变化比政治还要强大。想要利用科技来驯服系统，只会让科技体更有力量。由于科技文明无法受人驾驭，必须加以毁灭，无法进行改革"。当然，笔者不是很赞同凯文·凯利所说的科技无法被改革，必须加以毁灭的观点，只要人类的编程逻辑稍微变化，那么科技是完全可以被改革和改良的。

---

[1] [美]凯文·凯利：《科技想要什么》，严丽娟译，北京：电子工业出版社2020年版，第212页。

第三章　环境重构：数字技术对非物质文化遗产传承的影响

可以得出一个结论，由于数字技术本身存在着双面性，因而数字技术为非物质文化遗产所产生的影响也必然存在着正面和负面之说，数字化技术对非物质文化遗产传承带来的影响也是好坏参半的，必须得承认数字化发展一方面驱动着非物质文化遗产保护传承的变革，但另一方面也会带来一些隐忧。具体带来哪些隐忧呢？我们从以下几个方面来进行探讨：

一、技术冲击导致文化产品良莠不齐

新媒体技术给每个普通的网民赋权，普罗大众只要在社交媒体上建立一个账号，就可以随时随地发布一则内容，参与建构网络空间，这就是名副其实的"人人都是麦克风""人人都是书写者"。这种权力的下沉，可以激发更多的热心人士、网民积极参与到非物质文化遗产的传播、创新、传承和见证的历史发展轨道中来。但是每个人都参与到内容的生产、加工、传输的流程难免会造成内容质量参差不齐的后果，甚至是创造出众多的"低俗化""庸俗化""媚俗化"的内容产品，这是对信息发布权力的一种滥用，也是对专业内容生产的一种亵渎。

毕竟，信息制作权的下放就会催生出更多别有用心者借助技术的便利自谋私利或者扰乱公共秩序的现象。比如在2005年轰动全网的一个侵权事件"一个馒头引发的血案"的一段视频在网络上广泛流传，而这个视频内容就是出自一位草根网民自制的一部恶搞短片，短片大量使用了电影《无极》、中国中央电视台社会与法频道栏目《中国法治报道》以及上海马戏城表演的视频资料。混搭的内容、无厘头的情节、低质量的画质，看起来虽然有些低俗，但是在网络上下载率远远高于《无极》本身，而后遭到陈凯歌的起诉。这个例子充分说明网络和技术给予了更多人自由，但也带来了许多粗制滥造的作品，而这些粗制滥造的作品质量低劣，有的甚至侵犯了优质作品的版权，带来了诸多的问题。

在非物质文化挖掘、创新制作和对外传播的过程中，不禁也叫人担忧，是不是所有的内容创作者、书写者都保有一颗积极的创作初心，保证不会毁坏非物质文化遗产所自带的精神内核。最让人害怕的是善于恶搞的人利用非物质文化遗产的珍贵素材，做一些唯利是图的商业营销，或者是拉低非物质文化遗产本身所具备的精神品格，摧毁了非物质文化遗产的内在美。非物质文化遗产之所以列入遗产被保护的范畴，主要在于这个品类的珍贵、稀有、独特，如果不尊重非物质文化遗产的内在品格，像恶搞段子一样随意诋毁、践踏，这也是对人类文明的极大不尊重。

另外还有一个现实情况是在中国的网络空间平台中，人们都习惯免费使用、无偿观看、下载和浏览内容，没有付费消费精神文化产品的习惯。从这个方面来看，也容易催生出为了获取更多的商业利益而侵权的行为。如2019年发生的一个侵权案，湖北黄梅挑花工艺有限公司因为侵犯黄梅挑花民间传承人的著作权被查处。黄梅挑花是第一批国家级非物质文化遗产，为纯粹的手工技艺，由当地农家妇女一代代传承，有关部门采取一系列措施，对其主要流传地、代表性传承人和经典作品等进行了重点保护。而湖北黄梅挑花工艺有限公司生产的"黄梅挑花"有300多个品种，其中"必胜宝宝""平安宝宝"等14种图案，严重侵犯了"黄梅挑花"民间传承人的著作权，该公司负责人承认，相关图案均未得到权利人的使用许可，也从未支付过报酬。这个案例也说明了在数字技术为开放的领域开源了，也让更多的宝贵文化免费呈现在了大众面前，但是如果有人别有用心地拿去另为他用，一方面会诋毁非物质文化遗产的文化品格，另一方面也是对传播市场的一种侵扰。所以，当先进的数字技术太过于容易获得、实现和使用的时候，最应该做的是坚守住内容生产的底线，不违法、不侵权、不庸俗化、不低俗化、不媚俗化。

二、技术依赖导致主体沦为技术附庸

此处说的技术附庸指的是沦为了技术的奴隶，人本应该主宰科学技术，却反而被科学技术所主宰。如同凯文·凯利所说"科技会慢慢腐蚀人类的尊严，让我们质疑自己在世界上的角色和自我的本质……科技改变我们的能力超过了我们改变科技的能力"。当我们在一部部好莱坞科幻大片中看到人

第三章 环境重构：数字技术对非物质文化遗产传承的影响

类创造出的人工智能、科技程序把人类自身都给毁灭的时候，心中升起阵阵悲凉。这就是人类痴迷地追逐技术，而没有反思技术给人带来的一种奴役的表现。理性地讲，互联网为老百姓赋权了，人们在拥有了互联网使用权后，同时也获得了更多的话语权和信息传播权，也拥有了维护自身合法权益的平台和通道，一定程度上消解了"数字鸿沟""信息鸿沟"和"信息贫困"，但是随着数字化程度地加深，或许存在这样的可能——数字鸿沟的宽度虽小了，但是数字鸿沟的深度却加深了；互联网平权，但是互联网也催生出了许多"民粹主义"和网络中的不良文化；互联网让更多的老百姓拥有了话语权，但也催生出了许多网络暴力和网络谣言。技术带来的影响，可以说是好坏参半，在这样的背景下，理性看到数字技术对于非物质文化遗产的影响很有必要。

在非物质文化遗产的采集、存储、再现、复原、呈现、开发、传播的过程中，有沦为技术附庸的奉献吗？答案是肯定的，比如当我们要记录下一段重庆酉阳民歌的腔调时，数字录像的工具就大大地替代了人现场模仿学习的方式方法，这样就剥夺了许多传承人接受言传身教的宝贵机会；当人们要还原铜梁的龙灯彩扎工艺的时候，直接简单粗暴地利用摄像机把现场记录下来就可以，乃至说不需要传承人去现场求教学习了，但是这样传承者能够领略到制作工具的"门道"吗？这或许就成为一个问题。越来越多的工具替代了人的现场传授、领略、感知，那么非物质文化遗产的精髓就不能被恰到好处地传达和感知。虽然说现在的虚拟现实技术可以实现三维立体还原，好似与现场观看感受无异，但是现场感受到的情感熏陶、情绪感染与在虚拟的三维空间中感受到的万籁俱寂是截然不同的。

此外，过度依赖数字技术对于非物质文化遗产的呈现、再现、产品开发和传播，对于广大用户群体来讲，他们仿佛是在看电影、看特效、看画面，而不是真实地走进非物质文化遗产存在的那个时空环境。这是因为媒介技术营造出来的真实终究是一种"拟态环境"的真实，而不是客观的一种真实，而客观的真实是需要考观众自己在那个具体的空间环境中去接受熏陶的。喻国明老师曾提出了"真实世界""概念世界"和"心智世界"的三个概念，所谓的真实世界，就是人类生存的客观物理世界，这个是可见可感可建设的；概念世界就是技术营造出来的一种虚拟世界，这种虚拟世界是需要有一个入口进入的，比如网络虚拟世界需要连接网络，VR虚拟世界需要佩戴可穿戴设备等；心智世界就是人自己的主观世界，就是人自己的所想所感所悟。三个世界绝对不可等同，真实世界是客观存在，概念世界是媒介创造，心智世界是内心感知，三个世界范围逐次缩小。

所以，无论数字技术如何往前迈进，人类对于数字技术带来的便利都要理性地看待，我们可以利用数字技术对非物质文化遗产进行挖掘、呈现、开发和传播，但是切忌将一切的工作全部交给技术，从而丢失了自己对于文化遗产瑰宝的敏锐感知力。

三、技术消费营造非遗文化消费狂欢

技术的"去中心化"和平台的"低门槛化"，让越来越多的创作者涌现到了社交媒体平台，也让更多的网友参与到非物质文化遗产的生产和消费环境中。他们在其中自由地建构、表达、生成和传播，他们消费技术、消费非物质文化遗产的精神内涵、消费非物质文化遗产的表现形式、消费人们的消费观。如此下去，全民广泛参与的一种非物质文化遗产的网络消费狂欢、参与狂欢的景观就由此而形成。而这种景观的呈现主要是在技术实现变得越来越易得，人们所有的快乐参与、自由参与成为可能的前提下实现的。所以，信息技术飞跃发展带来的是一种快节奏的消费环境，这种消费环境让参与其中的人感受到了一种从未有过的"技术驱动的娱乐至死"状态，大家乐此不疲，甚至有的观众还在其中"昏昏欲睡""醉生梦死"，全然没有察觉自己已经成了数字技术的一种消费品，自己在消费技术的时候也被技术给消费了。

1998年，齐格蒙特·鲍曼（Zygmunt Bauman）就已在《工作、消费主义和新穷人》里预见到，随着"生产型社会"过渡到"消费型社会"，生活在其中的普罗大众也将发生微妙而重大的变化——物与人不断地上演紧张的关

第三章 环境重构：数字技术对非物质文化遗产传承的影响

系[①]。这里虽然说得是人们对于物品的消费，但是我们对于科学技术的消费何尝不是这样一种微妙而紧张的关系呢？人类对于技术的使用乐此不疲，不知不觉中已经被科学技术消费了。人类在对技术的消费中不断地制造狂欢，参与狂欢从而走向越来越浅表化，这就是消费狂欢带来的后果。

讨论消费狂欢，涉及两个对象，一个是"消费"，一个是"狂欢"。

消费，即使用，消费被学术探讨得最多的是消费主义，消费主义最早是流行在西方发达国家的一种消费观念，它主张无节制的物质享受，鼓动人的欲望的无限扩张，并在欲望的驱使下不断进行消费。让·波德里亚（Jean Baudrillard）说："消费的真相在于它并非一种享受功能，而是一种生产功能——并且因此，它和物质生产一样并非一种个体功能，而是即时且全面的集体功能……消费是一个系统，它维护着符号秩序和组织完整：因此它既是一种道德（一种理想价值体系），也是一种沟通体系、一种交换结构。"[②]在科学技术迅猛发展的当下，人们已经习惯了对科学技术的消费和使用，在消费和使用的过程中，人们"狼吞虎咽"，却忘记了警惕技术维护着它自身内在的秩序和价值取向，我们越来越多地受到技术工具理性的浸染，而距离价值理性的路程显得就越来越遥远，这就是技术裹挟对人类现实带来的一种吞噬。

接着说下狂欢，狂欢就是疯狂的欢喜雀跃，狂欢化的含义生发于狂欢节这一传统民俗，俄国文艺理论家、哲学家米哈伊尔·巴赫金（Mikhail Bakhtin）把狂欢现象理论化，他认为，狂欢节代表着民间文化、大众狂欢和自由、平等、民主的永恒精神，使束缚在等级秩序里的平民阶层可以充分获得主体话语权，大胆表达内心感受宣泄情感，这正是"狂欢"的实质意义所在[③]。狂欢是一种非理性的群体庆祝，在新媒体技术的赋能下，每个网民都在互联网平台上享受这冲浪带来的愉悦快感，这种愉悦快感会让人成瘾、疯

---

① 维舟：《消费社会里的节俭》，载《辽宁日报》，2021年11月5日。
② ［法］让·波德里亚：《消费社会》，刘成富、全志钢译，南京：南京大学出版社2000年版，第71页。
③ 史鑫：《巴赫金狂欢理论下的网络传播时代》，载《文学教育》，2016年4期。

狂，所以称为网络时代的大众狂欢。

　　对于全民参与的消费狂欢现象，我们应该理性地看待它产生的影响和后果。一方面，全民感性参与，会传染出更多的感性情绪，让更多的社会理性得不到释放和施展，从而导致社会越来越趋向民粹主义，越来越情绪化，不利于社会稳定和谐。另一方面，对于技术的消费至上会导致对于精神文化消费的过渡轻视，也不利于社会主义文化的传承和非物质文化遗产的保护和传承。一个健康有序的社会环境（既包括线上也包括线下）将是一个集感性、理性于一体的社会，其中既有感性的呼唤，也有理性的思考，这才是人类文明应有的状态。

　　所以，对于非物质文化遗产的挖掘、表现、开发、传承和传播如果过度依赖或者全部依赖先进的科学技术，号召更多的普罗大众来参与到内容的生产、创新、传播开发中来，只会是对严肃、神圣的非物质文化遗产的过度消费，对着一个不应该被娱乐化的产品进行一次网络文化的狂欢，会大大消解非物质文化遗产的神秘性、神圣性和庄严性。比如，针对重庆大足的大足石刻，每个游客都可以自己拍摄制作一段短视频，随意发到社交平台上，这种随意、随性地网络表达看似一种潮流，实则是对宝贵文化的一种亵渎和不尊重，毕竟拍摄的视角、取景、曝光度、呈现出的石刻的内涵解读，不是所有的草根网友随随便便都能够做得恰如其分。一旦越来越多的、不加约束的自媒体人开始涉足，为了博取眼球、制造爆点，这就是对人们注意力经济的一种消费和侵蚀，是对网络文化的冒犯，对非物质文化遗产的一种亵渎。

四、技术惯性导致深度思考易被剥夺

　　人类之所以有别于其他动物，最宝贵的地方在于人类可以进行自由地思考和创造。在科学技术越来越发达的当前社会，技术渐渐变得"无所不能"，人却仿佛变得"一无是处"了，我们可以自欺欺人地说我们创造的人工智能、技术解放了我们的劳动力，但是我们是不是也深刻感受到，技术也大大地剥夺了我们作为人真切感知和体验的基本权力。马云在2017年世界互联网大

| 第三章　环境重构：数字技术对非物质文化遗产传承的影响 |

会上的演讲里谈到人与机器（这里可以指代依靠机器算法实现的数字化技术）的关系，他认为人有人的使命，机器有机器的使命，人要有思想有情怀，机器要会计算要会学习，智能由机器负责，智慧由人来演绎。虽然是人工智能对人带来的冲击，这种冲击同时也表现在一切数字技术对人类的影响上。马云认为我们人是有智慧的，人的这种智慧不是表现在对机器的效仿和学习，而是发挥人类本身特有的一种思考力，毕竟人类的智慧与数字化技术能够创造的便利性是不一样的，人的一切行为是具有人文属性的，数字化技术的行为是用工具理性来衡量的。

回过头来看，新媒体的快速发展对传统媒体实现了超越，并带来了极大的冲击。当人都处于一种媒介化生存状态的时候，蓦然回首发现新媒体技术孔不入地改变着人们的世界观和生活方式，进而影响着人们的审美意识，一方面使人惰化，一方面简化了人大脑的思考。当我们看到一个无与伦比的美景、美食、美妙的音乐的时候，第一时间想到的不是好好体会、好好揣摩、好好享受，而是拿出手机将这个内容拍摄下来、录制下来，这种第一时间的反应大大剥夺了我们对于美的欣赏、感知和学习，这就是新媒体技术发展对现代人类思维方式的改变。如果说得严重些，这不仅仅是思维方式的改变，某种程度上来讲，完全是对思维方式、思考过程的剥夺，长此以往就会越来越惰化人的思考，让人变得越来越不会思考、不能思考，以至于忘记了独立思考。有学者指出："新媒体技术从诞生那一刻起，就不在舞台中央，他在角落里悄然自嗨，却带动着大众的节奏，他不是媒体之林里的参天大树，却是草根的狂欢，虽然不是直接向传统媒体正面挑战，却在不知不觉之间，铺满了人们的视线。从而进一步影响了人们的日常生活方式，也改变了人们的审美观念、审美趣味和审美理想，对热门的审美意识有了一个彻底的颠覆。"[①]虽然新媒体技术的存在并不是那么悄无声息的，但是它确实是带动着大众的节奏，带领着草根级别的狂欢，铺满了人们的视线，彻头彻尾地改变着人们的审美观念、审美趣味和审美理想。不过，与其说是改变审美，不如说是跟

---

① 张智勇：《新媒体时代的审美意识浅析》，载《新闻爱好者》，2019年第9期第58页。

着技术造就的审美套路人云亦云地进行审美判断。比如 2021 年 10 月刷屏朋友圈，火爆抖音的歌曲《漠河舞厅》，它到底是怎么火起来的呢？最早这个歌曲在网易云音乐上流传，被丁磊发现后力推，后来就开始在抖音上火热起来。这就是网络空间中，技术的赋权下，众人跟着"起哄"就让一首歌成为网红歌曲，当然这首歌背后本身也有一段感人至深的故事可以讲。在此我们可以看到在大家又拥有麦克风的时代，并不代表大家都能进行独立自主的思考。

试想，当无孔不入的媒介技术改变了我们接触外界事物的方式，那么我们对非物质文化遗产的保护和保存变得越来越浅表化、越来越工具化、越来越形式化，而缺乏对非物质文化内涵的领会和思考。信息技术的先进导致人人都有强烈的表达欲望，但是"语不惊人死不休"，为了博取关注，人们往往都带有很强的偏见、刻板印象或者是自己强烈的观念意识，在情绪的推动下就会演变成了一种情绪信马由缰的狂欢，这就是所谓的"后真相时代"。在后真相时代里，感性大过于理性，情感大于事实，人们对于事实的真相已经漠不关心，只关注事件推动中的立场和情绪，这不是一个健康的状态，也不是一个冷静的社会表征。

对待非物质文化遗产的保护和传承工作，经不起如此功利化、浮躁化和工具化的摧残。非物质文化遗产不是普罗大众都能够感受其美的快餐文化和大众文化，它如同一杯茶，需要细细品味，它如同一汪清泉，需要静静聆听，一旦过于功利化的气息、浮躁的气息入侵了非物质文化遗产的领地，都是一种不敬。所以，过度的技术化，就会剥夺人们的深度思考，导致对非物质文化遗产精神内涵的审视、把握和感知。

五、技术模拟引发非遗传播伦理争议

对于非物质文化遗产的数字化采集、存储、呈现、包装、还原、传播的工作首先需要过的第一关就是授权。或许有些非物质文化遗产的继承者并不愿意自己守候的非物质文化遗产接受外界的打扰、关注、传播，他们害怕自己的版权、知识产权受到侵犯。《中华人民共和国非物质文化遗产法》明文规定："保护非物质文化遗产，应当注重其真实性、整体性和传承性，有利于增强中华民族的文化认同，有利于维护国家统一和民族团结，有利于促进社会和谐和可持续发展"，"使用非物质文化遗产，应当尊重其形式和内涵。禁止以歪曲、贬损等方式使用非物质文化遗产"。如果在进行数字化采集存储、再现还原和开发传播的过程中违背了非物质文化遗产的真实性、整体性和继承性，随意篡改、删除和遮蔽了部分内容就需要受到相应惩戒。

王历在《非物质文化遗产数字化》一书中深入探讨了非物质文化遗产数字化的法律问题，比如他系统地谈到"文化权"的属性是一种人权，知识产权无法适用于非物质文化遗产；对非物质文化遗产归属如何判定；在进行非物质文化遗产数字化储存时，国家、国家机构、社群和非营利组织构成了数字化非物质文化遗产的主体资格，与此同时权利持有人对数字化的许可应遵循的规则是什么，等等。不得不承认，非物质文化遗产的数字化开发确实容易带来一些权力主体资格、数字化许可以及产品公开方面的系列法律以及伦理争议。

具体而言，关于非物质文化遗产采集存储、呈现保护、传播的过程中存在的侵犯问题分为三类。一类是没有保护非物质文化遗产的完整权，即对非物质文化遗产进行片段性选用，或者进行混合式搭配，没有将非物质文化遗产的完整精髓呈现出来，造成了误导影响；第二类是没有保护非物质文化遗产的署名权，对于非物质文化遗产的继承者没有给予充分尊重，随意地安排一个所属地，或者对于遗产继承人不加提及，这种是对非物质文化遗产创造者的亵渎；第三类是没有保护非物质文化遗产的财产权，在没有获得许可的情况下，将非物质文化遗产挪为商用，严重地侵犯权利人的财产权。

非物质文化遗产的署名权涉及的是主体资格的问题，到底谁是非遗的权利人，这个看似很清楚的问题，即一般都是非遗的继承人享有主体资格，但是有些非遗的主体不是某一个个人，而是一个地域的时候就容易出现争议。2005年，张艺谋导的电影《千里走单骑》，影片中作为主线贯穿始终的"云南面具戏"事实上是安顺市独有的、被列为国家一级非物质文化遗产保护名录的"安顺地戏",但是张艺谋却张冠李戴,安顺地戏在该影片中变成了云南的面具戏。后来安顺市文体局以非物质文化遗产保护单位部门的名义将影片导演张艺谋、纸片人张伟平以及出品人北京新画面影业有限公司告上法庭。一审判决认为影片是虚构的,并不违法,驳回了安顺市文体局的诉讼请求;安顺不服再告,二审判决认为安顺地戏属于剧种不属于作品,不受著作权法保护,维持原判。这个案例中,虽然非物质文化遗产保护部门安顺文体局输了官司,但是却给所有的非物质文化遗产的保护、传播者提了一个警醒,在对非物质文化遗产进行呈现的时候,应该要尊重非物质文化遗产的原貌、属地和文化特色,不应该故意张冠李戴。严格来讲的话,这个例子就是没有保护非物质文化遗产的署名权。

非物质文化遗产在兼具文化属性的同时也蕴含着巨大的经济价值,所以非物质文化遗产的权利人拥有财产权。一般而言,如果非物质文化遗产不用于商业使用(如打广告、复制售卖、品牌冠名等),为了个人学习欣赏使用就不涉及财产权转移的问题。但是如有企业公司将非物质文化遗产挪为商用,比如将火锅底料制作工艺制作成了成品的火锅底料公开售卖,这种典型的商用行为就必须要受到非物质文化遗产权利人的许可,当然获得许可的协商中就得明确财产权如何进行分配。比如前面我们提及的"黄梅挑花"侵权案,黄梅挑花相关图案均未得到权利人的使用许可,也从未支付过报酬。这个案件就是属于典型的侵犯了非物质文化遗产的财产权。因为湖北黄梅挑花工艺有限公司凭借"必胜宝宝""平安宝宝"等14种图案来实现了商用,谋取了利益,而却未经得传承者的许可。当然,未经过授权许可采用数字化技术进行非物质文化遗产的拍照、录像、复制、传播行为也是典型的侵权。比如重庆火锅就是非物质文化遗产,火锅的生产秘方既是一种商业机密也是一种知识产权,那么如果相关火锅公司没有授权进行拍摄,任何个人或者团队机构都不得使用数字化技术手段对火锅的制作工艺进行随意拍摄、呈现和传播。还包括一些民歌、山歌、号子的唱腔等,如果没有经得相关非物质文化遗产

第三章 环境重构：数字技术对非物质文化遗产传承的影响

保护单位的授权许多，也不可能随意将其记录、保存、再现还原和传播的。

此外就是如果获得了许可授权进行数字化采集、存储、复原、再现、展示、传播，但是在执行的过程中如果存在篡改非物质文化遗产相关工艺流程、用料配方、唱腔技巧等细节内容，就是属于典型的破坏作品完整权的表现，也是不被认可和保护的行为。数字化技术丰富多样、五花八门、五彩斑斓，但是我们始终要把握住一个关键，即不管技术多么绚烂，它始终是一种手段，是为非物质文化遗产开发保护传承进行辅助服务工具，是为了满足现代人民所多元化非物质文化需求的一种传播活动，不管其如何创造和再创造，都不能逾越于法律之上。《中华人民共和国非物质文化遗产法》所规定的"为了继承和弘扬中华民族优秀传统文化，促进社会主义精神文明建设，加强非物质文化遗产保护、保存工作"这个宗旨和立足点，不尊重非物质文化遗产的完整性、署名权和财产权，这都是需要被严厉打击和遏制的行为。

本章讨论的是数字化技术为非物质文化遗产的传承带来的影响，总体的影响表现在重构环境上。环境的重构主要是由数字化技术对非物质文化遗产带来的影响而决定的。数字技术是信息革命向前发展送给人类发展的一个礼物，其驱动着人类向着更加智能化的时代迈进，从而开拓出更大的文明空间。数字技术置入到非物质文化遗产的采集存储、再现还原和开发传播的路径中，对于遗产的保护和传承都有巨大的作用。数字技术对于非物质文化遗产保护和传承的加持，可以拓展信息传达的边界，可以增强非物质文化遗产呈现方面的沉浸感和可信度，可以促进观众在欣赏时获得更加轻松愉悦的体验快感，可以制造更加简洁大方的体验环境，可以创造一个时空延展的观赏空间，可以大大提升非物质文化遗产的艺术感染力。总而言之，在数字技术的赋能下，非物质文化遗产的保护和传承变得越来越值得期待，具体表现：第一，在进行非物质文化遗产传承的主体变得越来越多了。在技术赋权下，人人都可以成为非物质文化遗产的传承、保护、用户和创新开发的人，只要愿意去做这项工作，越来越便捷的技术可以为其提供有利条件。第二，在万物互联的时代，数字技术为非物质文化遗产的采集存储、再现还原和开发传播提供了便利的桥梁，搭建好了现成的可以自由展示发挥的舞台，这为非物质文化遗产创造了一个有利的传承环境。第三，前沿的数字技术为非物质文化遗产千姿百态的表现形式提供了天然的优势和表现手法，在视觉化转向的时代，这如同是为非物质文化遗产的传承和保护安装上了一对便于飞跃的双翼。第四，对于传播渠道而言，新技术的不断进步，社交媒体的迅猛发展，这都为非物质文化遗产的裂变式传播提供了绝好的平台和空间。第五，当今时代，非物质文化遗产传承的对象变得越来越具有创造力，他们活跃、有激情，主动参与非物质文化遗产的保护和传承的愿望变得越来越强烈。第六，从传播效果而言，新媒体时代积累下来的宝贵的传播传承经验都会为非物质文化遗产的传承传播保驾护航。

　　但是与此同时，我们也理性地看到了当前数字技术迅猛发展也给非物质文化遗产的传承保护带来了一些负面影响。当然这种负面影响既是针对非物质文化遗产的，同时也是针对数字技术对于人类一切文化成果积淀传承所带来的冲击。具体包括：第一，在对非物质文化遗产的采集、存储、再现、传承和传播过程中，不同的创作者对于非物质文化遗产的理解领悟不同，其创作出来的作品也会出现水平参差不齐的现象，当全民一起来参与创作的潮流涌现后，参与的主体更多了，难以保证每个主体的参与质量都是经得起考验的；第二，对于全体社会而言，过渡依赖于数字技术对于非物质文化遗产的采集存储、再现还原和开发传播，长久下去担心会被沦为技术的附庸，导致数字化工具无法为非物质文化遗产传承服务的一种悲哀；第三，过度依赖技术对于非物质文化遗产的记录呈现和消费，一旦靡然成风，就容易产生一种对非物质文化遗产的技术消费狂欢浪潮；第四，当技术的便利凌驾于人的思考便利之上时，人的主动思考就容易被技术所剥夺，人的思考力、表现力和创造力就会大大受损，如此一来，未来的非物质文化遗产的开发创造就堪忧；第五，过于依赖于数字技术来呈现非物质文化遗产，也会引发系列的伦理争议问题，《遗产法》里也规定，使用非物质文化遗产，应当尊重其形式和内涵，

第三章　环境重构：数字技术对非物质文化遗产传承的影响

禁止以歪曲、贬损等方式使用非物质文化遗产。借助技术的便利，对于非物质文化遗产的完整权、署名权和财产权的侵犯手段就会更多，容易导致对于非物质文化遗产侵犯行为的增多。所以，借助丰富多彩的信息技术手段为非物质文化遗产进行采集、记录、储存、再现、传承、传播与再创造的时候，一定要有保护非物质文化遗产真实性、完整性及其他合法权益的意识。

尽管数字技术的大力发展为非物质文化遗产的传承带来了积极的影响和消极的影响，但是我们也不必过分担忧，只要我们理性地看待数字技术的功效，理性地利用数字技术为非物质文化遗产的保护传承服务，同时坚持独立思考的宝贵秉性，数字技术是一定不会凌驾于人的意志之上而"行凶作恶"的。总体而言，我们还是应该保持一种相对乐观的态度看待技术所发挥的作用和功效，更多地拥抱数字化技术带来的积极影响，为地方性的非物质文化遗产的采集、储存、再现还原、表现、传播提供更多的发展空间。

第四章 内容机制：非物质文化遗产数字化项目的开发机制

第一节 非遗的数字化开发

随着现代信息技术的飞速发展，人类社会进入了数字化时代，数字化技术推动了各行各业的发展，为社会创造了巨大的价值。但同时，数字化技术也引起了各行各业的变革，在非物质文化遗产传承这个领域，数字化技术正在颠覆这些古老而传统的技艺。随着高精度影像设备的普及，"互联网＋""大智移云"等新技术的应用，越来越多的非物质文化遗产得到了保护、展示、传承、创新的发展。本章我们就一起来探讨数字化技术是如何在非遗传承上实现项目开发和应用的。

一、非遗数字化开发的必要性

（一）时代发展趋势的要求

时代发展不可逆，数字化是时代发展的趋势。中科院院士梅宏认为，数字化转型是不可逆的发展主流，其核心动力是互联网及其延伸所带来的人、机、物的广泛连接。

第四章 内容机制：非物质文化遗产数字化项目的开发机制

在数字化快速发展的背景下，社会各行各业将以信息化为主线深度融合，完成自身转型升级，并不断催生出新业态。在这一过程中也必然会有一些传统业态消亡。数字化已经悄然改变了人们日常的生活方式，这是社会"转型"的一个必然阶段，也将是一个长期的过程。通过总结分析过去社会经济发展的周期规律，这个阶段也许长达数十年。如何在这一变革中把握发展趋势，顺应时代潮流，不被时代所淘汰，这是每个行业以及个体需要思考的。

数字化时代的到来，也许会带来第四次科技革命。第一次工业革命在不到三百年间给人类社会带来了巨大的变化，而以互联网为代表的新一代信息技术所带来的"革命"，在速度、深度和广度上都将是前所未有的。时代发展的脚步不可阻挡，非遗与数字化结合是顺应时代发展潮流。

（二）非遗生存现状堪忧

当下，随着社会快速发展，非遗的生存现状堪忧。作为非物质文化遗产，我们应关注的是对其的保护传承和展示传播的问题，其中最重要的就是保护和传承的问题，如果没有处理好非遗的保护和传承问题，非遗将会消失在历史长河之中。

现阶段非遗面临的最重要的问题是保护和传承问题。第一，非遗传承缺少传承人。非遗的承载一直是以传承人制度和口口相传的方式进行的。这种方式导致了非遗的传承范围狭小。特别是技艺类的非遗项目，一旦没有传承人，特殊的技艺将会面临失传的境遇。在现代社会，一些非遗由于地域的限制，知名度较小，加上全国经济的快速发展，很多年轻人不愿意去学习传统复杂且不一定有回报的非遗技术，这使得非遗的传承十分困难；第二，非遗传承的场域或文化环境发生改变或消失。非遗具有很强的地域性和民族性，对场域的要求很高，一般都是在特定的地域文化下才会形成特定的非遗。《保护非物质文化遗产公约》对非遗的定义是"被各社区群体或个人视为其文化遗产组成部分的各种社会实践、观念表达、表现形式、知识、技能及相关的工具、实物、手工艺品和文化场所"。由于社会现代化的发展，一些地区的地域性特征逐渐消失，这就意味着非遗依托的文化场域正在逐渐缩小和消失；

第三，传承技艺需要花费的时间长，技术应用程度低，非遗活态性难以展现。非遗技艺的习得过程需要很长一段时间，而且非遗由于历史比较悠久，所用的工具都是较为老化和传统的，没有与时代的发展和新技术相结合，很多时候难以展示非遗的活态性。

除了传承问题，非遗在现代社会的冲击下，也面临着如何展示和发展创新的问题。第一，非遗的展示的活态性不足。很多非遗所展示的作品已经过时，甚至残缺不全。这样的作品没有较大的欣赏价值，也无法吸引现代人的目光。非遗的展示缺少合适的场合和渠道，也缺乏专业高效的组织领导。现有的展示方式大多是线下开展会，将非遗的作品拿到展会上展示，或者让非遗传承人现场展示技艺和作品。这样的展示缺乏活力、系统性，传播的影响范围小；第二，非遗发展缺乏创新性。现有的非遗传承人年纪普遍偏大，无法较好的与时代接轨，紧跟时代潮流，导致出现空有技艺却无法创新赋予技艺活力的局面。由于利益的驱使，有很多商业性质的开发，对非遗过度利用，肆意滥用，创意的方式单一，没有将非遗与时代很好的融合，只注重表面的形式。这导致市场上的非遗产品同质化严重，作品质量参差不齐，缺乏个性化特色和文化内涵。

以上谈及的非遗存在的问题使得非遗的生存现状堪忧，而与数字化的结合则可以很好地解决非遗的传承保护、展示传播、创新发展的问题，改变非遗现在的生存困境。

（三）保护文化多样性的需要

我国文化的多样性减少，要求对非遗文化进行更好地保护和发展，以此来维护我国的文化多样性。近现代，由于西方文化与现代工业文明的入侵，使得中国传统的自给自足的自然经济状态受到极大冲击。在前期只是造成文化的杂糅，并没有消解传统文化的基础。但是随着二十世纪后期，工业化和城市化步伐的加快，消费经济和商业市场的迅速发展，中国传统的农业文明向工业文明、商业文明与科技文明急速转型。社会生产与生活方式发生了巨大的变革，在这种背景下，非物质遗产所赖以生存的旧有传统文化已是岌岌可危。由于近代经济文化的不断进步,世界全球化进程的加快和工业文明的冲击,文化同质化现象严重,越来越多的文化消失在历史的发展长河之中。非遗的生存现状堪忧,将数字化引进非遗的保护与传播中能让其适应时代的发展,在新的时代环境下焕发出新活力,从而促进保护我国的文化多样性。

二、非遗数字化开发的可行性

(一)数字化的快速发展提供技术保障

数字化工具的快速发展,为非遗的数字化提供了技术保障。人类已步入数字时代,计算机与互联网已渗透进二十一世纪人类生活的方方面面。当下的数字化技术是以数据作为最主要的生产要素,将具有相关价值的人、事、物转变为数字存储的数据,从而形成了可以存储、计算、分析的数据、信息和知识,并与获取的外部数据信息一起,通过对相关数据的实时分析、计算、应用来指导生产。现有的数字化技术包括数字存储、高精度摄像、交互技术、5G、云计算等。而非遗数字化一般包括数字化保护和数字化开发两个部分,而非遗的数字化开发主要包含了非遗动漫化、非遗VR体验和非遗AR+体感互动体验开发三个大类。非遗VR体验和非遗AR+体感互动体验是从非遗技艺的原始形态中,寻找能够进行创造性转化和大众消费所需要的内容,然后通过新技术的运用来提升传统技艺本身,并趣味性地展现非遗项目的特性,让人短时间内地直观感受非遗之美。数字化工具的发展和完善,能够进一步促进非遗的保护和开发。

(二)数字化与非遗特性相契合

数字化符合非遗的发展规律,适应非遗的特性,能够与非遗较好的结合。非遗具有活态性、多样性、不可再生性和地域性等特性。

非遗的活态性是其最重要的特征之一,也是非遗最大的特点。活态性也就是非物质性,不是依靠物质的形态存在,是需要依靠人而存在的。非遗在传承和传播过程中的会出现一定程度的创新和变化,这种创新和变化的内在动力是由非遗自身的特性决定的,是必然的,是由不同的传承者和体验者共同参与创造的,其中展示了超出个体智慧和能力的创造力。非遗不能脱离民族的特殊生活生产方式,它是民族个性和民族审美习惯的"活"的体现。它依托于人本身而存在,以声音、形象或技艺作为表现手段,并以身口相传的传承方式而得以延续。数字化技术是动态的,能够将非遗的活态性保存和传播,留存为影像或是以其他形式动态保存传播。

非遗的多样性体现在内容包罗广泛,形式多元杂糅。业界比较认同的非遗分类为:语言,民间文学,传统音乐,传统舞蹈,传统戏剧、曲艺,杂技,传统武术,体育与竞技,民间美术、工艺美术,传统手工技艺及其他工艺技术,传统的医学和药学,民俗,文化空间。从非遗类型的多样性就可以看出非遗所包含的内容广泛多元,这是由传统文明高度发达决定的。就重庆的非遗名录来说,其中就包括民间文学,民间音乐,民间舞蹈,传统戏剧、曲艺等多种非遗种类,重庆的各个区县大都有自己独特的非遗文化。历史的悠久性和文化的包容性决定其一定是具有多元杂糅性的。例如民族文化的多元造就了不同的非遗文化,在重庆境内有汉族、土家族、苗族等多个民族,各民族都有自己的房屋建筑、特色服饰、生活方式和音乐舞蹈。土家族的吊脚楼,苗族的苗文和众多经典文献以及独具一格的祭祀与舞乐仪式等都是独特的民族非遗文化。在一些民俗非遗里也杂糅了多元文化和技艺,如丰都的庙会,既有道教的神仙,供奉玉皇大帝和天子娘娘,又有佛教的观世音菩萨,还有富有地域特色的鬼文化。数字化技术的巨大存储空间和多样的方式能够满足非物质文化遗产保护和传播内容多而杂的需求。

不可再生性是非遗的一大特点,也是非遗保护难的一个重要原因。非遗的脆弱性、活态流变性,以及依托特定人文生态环境的特点决定了它需要依靠人来传承,而非遗的非物质性决定了非遗一旦消失就不可再生。数字化技术将非遗转变成数据能够长久的存储,能够在一定程度上解决非遗不可再生性的问题。

非遗的地域性,是由两个方面决定的。一个是中国自古以来幅员辽阔,每个地区由于其自然环境的不同造就了不同的生产生活习惯；第二个则是文化的强渗透力决定传播的变异性。中国非物质文化的传播力很强，自古以来一直源源不断地流转传播。同一种东西，在不同的地域环境下，受不同的文化的影响也会呈现出不同的形式，如重庆彭水县的木腊庄傩戏和重庆梁平县的梁平傩戏，他们同是傩戏，但是在不同文化场域的影响下有了各自的文化特色。数字化技术的便移动性和强大的分析能力能够很好地适应非遗的地域性特征。

（三）数字化得到各主体认可

数字技术的不断发展，数字化工具的开发和普及，使得非遗相关的各主体对数字化的接受和认可有了很大程度的进步。各主体使用数字化工具既能够满足非遗自身的保护和传播的发展规律，也是顺应时代发展的现实需求。非遗数字化保护传播，是让非遗传承人参与到数字化保护与传播的过程中，赋予传承人话语权，使他们能够有效地参与非遗保护和开发。在非遗的数字化开发上，传承人将自己的知识储备和文化逻辑整理出来，与电脑程序员进行沟通交流，建立符合非遗文化的数字化体系。然后再针对民众的知识体系与生活体验，进行合理且有创新的数字化设计开发，从而发挥数字化技术的文化传承与传播功能。

在现代化的非遗传承中，许多非遗传承人会自觉选择利用数字化和多媒体等现代化的手段。这种数字化的保护意识和非遗传承人的自觉意识也将成为未来非遗保护和传播发展的必然的趋势。我们现在身处于数字化时代，非遗传承人本身也处于其中，当非物质文化遗产赖以生存的方式数字化后，非遗自身的生产和实践的数字化就成为必然。由于时代的发展和社会的进步，非遗传承人对数字化技术从陌生到熟悉再到把数字化融入自身的非遗实践中。非遗要进行数字化的保护和传承就离不开传承人对数字化的认同和深度参与。大多数的传承主体已经逐渐接受使用数字化工具来进行非遗的保护和传承，并且有想要进一步学习和掌握这些数字化工具的意愿与学习能力。

在非遗的传承和保护中另一个重要的主体是政府文化部门工作人员。政府在非遗保护和传承的过程中,所承担的工作是负责有关非物质文化遗产的保护、保存工作。而对于政府相关部门而言,利用数字化技术能够科学有效的记录、管理、展示传播,现在的政府机关也正大力推行数字化办公,以提高办公效率和质量。

三、重庆非遗数字化现状

人的存在是一种社会性的存在,也是一种文化性的存在。从本源意义上来说,中国人之所以为中国人并非因为肤色等生理因素,而是因为信奉中华文化。文化是维系人们记忆、情感和行为的精神纽带。一个成功的社会,在很大程度上就是一个与传统文化有着紧密联系的社会。文化多样性对于世界全球化来说是非常重要的。人类文明的进步,依赖于各种文化之间的相互碰撞融合。历史上,中国文化的多次大发展往往来自其内部不同文化产生交流融合或者同外部文化发生碰撞,当今的公务员制度的确立在某种意义上便是现代文明与中国古代传统文官制度的结合物。所以来自不同民族不同地域的文化之间的交流与碰撞对于文化的发展与革新具有重要作用。从这个意义上来说,"保护重庆非物质文化遗产对于重庆文化、中华文化、世界文化的发展同样具有非凡的意义价值"[1]。

重庆的非遗名录中的项目种类丰富,包括民间文学、民间音乐、民间舞蹈、传统戏剧、曲艺、杂技与竞技、民间美术、传统手工技艺、传统医药、民俗等。然而如此庞杂的非遗分类体系,看似繁荣,却都不可避免地面临着同一个问题——缺乏数字化的传承和传播途径。

以重庆非物质文化遗产梁平年画(传统美术)、荣昌陶(传统技艺)、铜梁龙舞(民间舞蹈)、走马镇民间故事(民间文学)为例展开分析:

(一)梁平年画

梁平木版年画是重庆市梁平县的传统美术类非遗之一,与梁平竹帘、梁

---

[1] 陈杨:《非遗文化数字化保护的意义》,载《西部论丛》,2017年第5期第44页。

第四章 内容机制：非物质文化遗产数字化项目的开发机制

山灯戏并称"梁平三绝"，曾被誉为"川东奇葩"，于2000年被评为"巴渝十大民间艺术之一"。然而，随着现代化进程的加快，久负盛名的梁平木版年画却濒临灭绝失传的危机。自列入第一批国家级非物质文化遗产名录，梁平木版年画就引起了当地政府、传承主体、社会各界的广泛关注。多年来，有关梁平木版年画的保护工作得到顺利开展和社会各界的大力支持：在政府层面，收录并整理年画相关资料，大力落实对传承人的保护措施，为其传承和发展提供有力的政策支持；在传承人层面，积极开展年画的传承教学活动、参与年画相关的会议，为其传承和发展提供坚实的人才基础；在学界层面，对档案资料进行研究并出版相关的学术专著与论文，为其传承和发展提供科学的理论研究；在媒界层面，则多次追踪报道年画保护工作的新动态与事件等，为其传承和发展提供广阔的传播途径。以上相关保护工作展开至今已积累了一定的群体基础和相关保护经验，初步建构起了一个较为全面的保护体系。但在这一体系中各个环节参与角色之间还没有达到最极致地的配合，因此在保存与保护过程中也不可避免地出现了一些急需解决的问题，主要表现在工具的使用上较为传统和保守，传播途径和内容较为单一。

（二）荣昌陶

荣昌陶器是原产地为重庆市荣昌区安富镇的民间传统艺术品。重庆市荣昌区安富陶土黏性和可塑性强，这种陶土烧制而成的容器不渗漏、保鲜好，"薄如纸、亮如镜、声如馨"，具有浓郁的民族风格和地方特色。目前荣昌设立了陶都博艺馆、陶工业园区、陶吧及陶器市场，以便能更好地发挥荣昌的陶技术和陶文化优势。然而缺乏创新性发展、数字化建设等问题一直都是制约其进一步发展和传播的重要原因。

（三）铜梁龙舞

铜梁龙舞是重庆市铜梁县境内的一种传统民俗舞蹈艺术形式，包括龙灯舞和彩灯舞两大系列，于2006年被国务院列入首批国家级非物质文化遗产代表作名录，是重庆十大文化符号之一。铜梁龙舞有独特的艺术魅力和杰出的文化价值，先后参加了1984年、1999年、2009年国庆盛典，以及2008

年北京奥运会、上海世博会等国内重大活动,多次受国家文化部派遣远赴美国、英国、法国、以及日本、韩国等20多个国家和地区参加中外文化交流活动,已成为国家级文化品牌。

但由于其宣传不足、展现方式单一,传承人紧缺等,铜梁龙舞闻名于世的仅有大蠕龙、火龙等少数品种,多数龙舞品种已处于消失的边缘。

(四)走马镇民间故事

在重庆众多国家级非遗当中,第一批次入选的项目就有走马镇民间故事。相关统计数据显示,目前走马镇民间故事目录有10,915个,其中完整的故事9714则,除此之外,还有民间歌谣、谚语、歇后语、俗语等。走马镇民间故事能在漫长的岁月中得以传承下来主要靠的是一代又一代人的口口相传。同时,这种口口相传的传播形式也在很大程度上限制其大规模的传播,且极易在一代又一代的传承中失去原味。在2006年,走马镇民间故事被确立为中国第一批国家级非物质文化遗产。为保护这一非物质文化遗产经久不灭,民间开始对其进行挖掘和数字化技术开发等各种尝试。其中,很多文献资料中都提到了一部改编动画《走马民间故事》,但是由于保存不当和技术问题等原因已经无法找到与之相对应的视频。由此可见,虽然已有走马民间故事视频化的探索和走马镇民间故事动漫化的研究,但当时因技术问题和其他现实原因影响,这些都未能实现。

在传统媒体时代,由于传播媒介的限制和传播范围的狭隘,且信息网络覆盖面积有限,导致信息流通水平较低,从而使人们对重庆非物质文化遗产的认识受限,参与度较低,在很大程度地阻碍了重庆非遗的传承与发展。

现代新媒体技术的高速发展,使得重庆非遗数字化这个设想成为可能。依托现代新媒体技术、运用数字化表现手段将传统文化与现代科技完美融合,能够突破时间和空间的限制,通过数字资源的有效呈现和传播来放大和延伸非遗数字化的价值,让更多人从中了解传统艺术的内涵并将这一文化传承发展,确保其可持续发展。

| 第四章　内容机制：非物质文化遗产数字化项目的开发机制 |

第二节　非遗数字化技术应用

一、数字化一般的方法及途径

加快数字化发展的进程，不仅是非物质文化遗产保护、传承和传播的需要，也是社会发展的必然要求。非遗数字化主要通过平面、影音技术实现数据的采集和数据的存储。在此基础上，运用目前先进的 3D 建模、Unity3D 的数据处理技术实现非遗资源整合，从而实现非物质文化遗产数字化。

二、数字化以技术维度划分的分类

非遗数字化的发展离不开先进技术的支持，通过整理发现非遗数字化主要依托平面数字技术、影像数字技术、虚拟现实技术和增强虚拟技术 4 种技术[1]，本小节将对 4 种技术进行整理、分类，并依据相关案例进行分析。

（一）平面数字技术

平面技术主要是运用相机对非遗进行拍摄，达到保存和记录的目的，已成为非物质文化遗产数字化保护不得不提的一种技术，也是最基础和影响最深远的技术，在非物质文化遗产数字化过程中，有不可或缺的作用。

1.平面数字技术概括

平面技术最初被广泛运用于对周边事物的记录。在科技的不断进步下，平面数字技术也不断发展。由最初对静态风景、建筑的拍摄，逐渐发展成为对日常生活的记录，也从曾经简单的贵族奢侈用品到现在走进普通千家万户。由于平面数字技术具有无法替代的纪实效果，很快被媒体行业接受和广泛应

---

[1] 姚国章：《非物质文化遗产的数字化发展及关键技术应用》，载《常州大学学报》(社会科学版)，2021 年 22 卷第 4 期 106-116 页。

用，出现大量的专业摄影家。伴随时代的发展，技术的不断更替，法国银行家阿尔伯特·卡恩(Architect Albert Kahn)组织开展了一项著名的人文计划——为地球建立档案，他资助大量的摄影师，利用镜头留下大量的具有研究价值的人文资料。在过去，人们运用文字、口传、图腾等形式记录历史，但伴随着平面数字技术的出现，人们发现，相机拍摄的照片，包含信息之全面，是文字所不能代替的。因此平面数字技术被广泛运用于记载保存之中[①]。

2.平面数字技术在非遗数字化中的应用

平面数字技术主要通过使用不同镜头，实现保存和记录，本小节主要研究被广泛使用的鱼眼镜头、微距镜头。

（1）鱼眼镜头

焦距为16mm或更短的并且视角接近或等于180度的镜头被称为鱼眼镜头，它是一种极端的广角镜头，俗称是"鱼眼镜头"。这种摄影镜头的前镜片直径很短且呈抛物状向镜头前部凸出，是为了镜头达到最大的摄影视角。这样的设计使它和鱼的眼睛颇为相似，故人们称它为"鱼眼镜头"。它属于超广角镜头中的一种特殊镜头，它的视角力求达到或超出人眼所能看到的范围。因此，鱼眼镜头与人们眼中的真实世界的景象存在很大的差别，因为我们在实际生活中看见的景物是有规则的固定形态，而通过鱼眼镜头产生的画面效果则超出了这一范畴。视角范围大是鱼眼镜头最大的特点，它的视角一般可达到220度或230度，这为近距离拍摄大范围景物创造了条件；鱼眼镜头拍摄时会产生较其他镜头更强烈的透视效果，拉大"近大远小"的比例，它所拍摄的画面具有强烈的冲击感；鱼眼镜头长景深的特点，照片的长景深效果充分体现。鱼眼镜头的成像有两种，一种像其他镜头一样，成像充满画面，另一种成像为圆形。无论哪种成像，用鱼眼镜头所摄的像，变形相当厉害，透视汇聚感强烈。

鱼眼镜头在大型表演类的非物质文化遗产拍摄中运用广泛，主要针对大

---

① 陈想：《摄影技术在非物质文化遗产保护中的应用探析》，载《文化产业》，2021年第26期第84-86页。

场景的拍摄，渲染出震撼和宏观之感。另一方面，鱼眼镜头是 VR 制作的基础，在 VR 图片、视频制作中发挥不可或缺的作用。

（2）微距镜头

微距镜头最大的特点是近拍时镜头的成像面是一个平整的像场，和常用镜头最大的区别是：平常镜头近拍时成像面是一个如同锅底一样弯曲的像场。这个特点，使微距镜头多被使用在翻拍文件、绘画类物品时，能够使相片中心和边缘达到一样的品质。微距镜头作为一种特殊镜头，也被广泛用于拍摄十分微小的物体。人们运用微距镜头拍摄微小事物时，能得到高清晰度的影像。这种高清晰度的影像会给人不同的观看感受，因为肉眼一般无法看到微观景象，而微距镜头将被摄景物的质感清晰体现，给人一种震撼之感。

微距镜头在非物质文化遗产保护中，被主要运用于传统手工技艺、部分传统戏剧、民间美术等项目上。例如，记录青花瓷的制作过程，包括工匠捏制、雕琢、绘画、抛光等小场景；记录綦江版画的成品，包括画面颜色、画面线条、画布上的人物等。

（二）影像数字技术

数字化时代的视觉呈现主要依托影音数字技术，平面数字技术进一步发展，推动了影像的出现。影像与非遗的结合，为众多的传统文化资源提供了更加多样化的记录、储存途径，也为非遗的活态传承提供了更多的可能性。

1. 影音数字技术概括

盛希贵在《影像传播论》中将"影像传播"定义为："影像传播是指通过光学装置、电子装置、数字装置和感光材料、记录装置等感受光线，将由对光的反射造成的被摄物的外形和光的投影通过化学反应、电子脉冲或电磁场中的变化获得图像，并记录下来存储在媒介中，必要时，再进行复制或使其重复呈现出来的'物的影像'。"[①]

在非遗中主要运用动态影像，是指摄像机产生的图像信号，运用数字信

---

① 盛希贵：《影像传播论》，北京：中国人民大学出版社 2005 年版，第 80 页。

息再现事物。影音数字技术是非遗数字化中最常运用的技术之一，具有存储方便、存储成本低、存储过程方便等优点，成为非遗保存的关键性技术。

2.影音数字技术在非遗数字化中的应用

随着手机等影音设备的普及，和5G的诞生，影音技术在非遗保护和传播的应用中越来越普遍，但是高质量的视频储存仍然稀缺，对此本小节将对影响影音储存、传播的制作技术进行讲解。

（1）影像制作技术：超高清视频拍摄（4k）

4K分辨率是超高清分辨率中的一种。4K是新一代好莱坞大片分辨率的标准，在此分辨率下，画面中的每一个特写、每一个细节都将被观众清楚看到。它区别于常见的家庭中的播放器，和电影院的传统放映设备，4K播放器价格高昂。但在记录事物方面有不可替代的作用，提供更加逼真的观看体验。

运用目前常用的高清分辨率对技艺类非遗、书画类非遗、表演类非遗进行拍摄。了解非遗背景、进行人物资料采集和市场分析等步骤，撰写脚本，制作出精美的非遗纪录片，达到记录、保存、展示的目的。这些都需要超高清的拍摄技术支持，才能收集和保留下超高清的非遗技艺资料。

（三）虚拟现实技术（VR）

在5G的推动和国家大力支持下，越来越多行业运用虚拟现实技术。虚拟现实技术与非遗的结合，也将成为一种潮流。

1.虚拟现实技术（VR）概括

将虚拟与现实结合，达到以假乱真的效果，就是所谓虚拟现实。从理论上来讲，虚拟现实技术（VR）利用多种技术，运用计算机生成一种模拟环境，形成可交互的三维动态视景，可听、可看、可触摸、可交互，让人沉浸其中，产生"身临其境"的感觉。它是一种可以创建和体验虚拟世界的计算机仿真系统。

2.虚拟现实技术在非遗数字化中的应用

非物质文化遗产有特别强的时空性，与历史特殊事情和历史阶段息息相

第四章　内容机制：非物质文化遗产数字化项目的开发机制

关，其早期发展环境与现代环境有极大差异。所以虚拟现实技术对"还原"曾经的场景有特殊意义，同时对给用户提供体验和对非遗传承有特殊作用。

（1）全景视频

全景视频是一种运用特殊相机，对实物进行全方位360度的全景拍摄录制，用户在观看过程中，可以根据自身需要，随意调节方向。它属于虚拟现实技术的一个分支，更注重观赏性，弱化互动性。

在2019年，中央电视台拍摄了中国首部以世界非物质文化遗产为主题的VR纪录片——《昆曲涅槃》。它运用了全景视频的技术，只要观众带上VR眼镜，即可"亲临"江南的水榭楼台感受昆曲中的悲欢离合。

（2）虚拟互动场景搭建

虚拟互动场景的搭建，运用特殊相机，进行场景拍摄并运用相关的软件进行场景的互动编排，达到引导观看和游览的作用。用户也可以在观看时，根据自身需要进行上下左右的调节，可以实现互动，同时运用计算机，产生相对应的感受，例如痛觉体验。

虚拟互动场景的搭建，一方面可以针对音乐、舞蹈、体育、绘画类的非遗，制作出独特的体验感，实现足不出户就参与制作过程；另一方面，可以针对特定的非遗爱好者，开发专业化的制作过程，弥补设备、地点的限制，降低学习门槛。

（四）增强现实技术

增强现实技术，是在虚拟现实的基础上发展起来的技术，它较虚拟现实更加全面，所以受到了诸多关注。

1.增强现实技术（AR）概括

将计算机中生成的虚拟场景与现实世界的环境先融合再进行补充或者增强，是增强现实技术。移动增强现实系统一般分为四个模块：虚拟场景模块、真实环境模块、输出显示模块以及三维跟踪注册模块输出显示模块[1]。

---

[1] 陈正捷：《博物馆文创产品设计中基于移动AR的文物展示系统研究》，载《设计》，2020年第1期第27-29页。

2.增强现实技术在非遗数字化中的应用

增强现实技术运用，需要多种软件整合实现，本小节针对常用的Maya、Unity3D进行研究。

（1）三维动画软件Maya

运用了Alias、Wavefront最先进的动画及数字效果技术的Maya是市面上最常用的三维制作软件。它不仅包括最常见的三维视觉效果，还添加了市面上最先进的建模、数字化布料匹配模拟、运动匹配、毛发渲染技术。优秀的功能，让它成为三维建模的首选工具和最优解决办法。

运用Maya进行虚拟场景的制作，运用三维扫描技术对相关运用非遗技艺制作的瓷器进行扫描和特征点采集工作。在此基础上进行三维渲染、灯光调试等工作，将瓷器立体真实展现。

（2）三维动画软件3D Studio Max

3D Studio Max，常被简称为3d Max或3ds Max，市面上最常见的三维动画渲染和制作软件，在广告、影视、三维动画等领域被广泛运用。3ds Max价格低廉，功能强大，具有超高的性价比，所以被大范围使用。它对硬件要求低，一般配置就可满足使用需求。它对使用者友好，上手容易，操作简便。以上三个原因，促使其成为使用最为广泛的三维制作软件。《X战警》《最后的武士》等影视片的特效制作都有其的参与。

非遗数字化保护方面，主要分为两大类。第一类运用3ds Max进行3D图像制作，将非遗技艺制作出的实物进行扫描、建模、贴图。形成立体的实物，实现非遗保护的空间延伸。第二类运用3ds Max实现场景的建设，形成互动场景。

（3）Unity3D游戏开发引擎

Unity3D游戏开发引擎是由Unity Technologies公司开发的一个让创作者轻松创建诸如建筑可视化、三维视频游戏、实时三维动画等类型互动内容的多平台的综合型游戏开发工具。可发布游戏至Wiondows、Mac、Android等平台，支持Wiondows、Mac平台的网页浏览。

在云南禄丰恐龙谷数字化保护中，运用 Unity3D 实现了恐龙模型跟随手势变化的互动，同时运用动画系统实现动作的交互[①]。

三、技术的未来展望

大多数非遗项目都与人的动作相关，特别是舞蹈、杂技等非遗项目的展现都需要依靠人的动作去完成，因此未来动作捕捉技术应用对非遗的保护和发展有着重要意义。

（一）动作捕捉技术概括

动作捕捉技术又被称为"动态捕捉技术"，是对动物、机器设备以及人类等主体的动作进行记录、分析、处理的技术。动作捕捉技术被广泛应用于体育、娱乐、医疗等领域。动作捕捉系统包括软件和硬件两个部分：硬件一般包括数据的采集设备、数据传输设备等；软件包括系统设置、运动捕捉、数据处理等。

动作捕捉运用于动画制作已经成为大趋势，主要有以下两个原因：第一，速度快，避免建模的麻烦，取得近乎实时的效果，可替代相关软件，降低成本；第二，能够精准还原并完成记录，使动作开发更为科学。

（二）动作捕捉技术在非遗数字化中可能实现的应用

动作捕捉技术在非遗数字化运用中，主要存在硬件投入成本高、投资难度大、对操作空间的高要求等问题，这些都阻挡了动作捕捉技术的发展和大规模投入使用。总体来说，实质性的应用还比较少，仍然处于不断深化探索阶段。

提到动作捕捉技术运用的尝试就不得不提融合了歌、乐、舞的《编钟乐舞》。《编钟乐舞》在楚史和楚文化的基础上，将屈原的爱国主义思想作为核心，运用歌、乐、舞等多种艺术形式，将古代楚国的风情和文化风俗展现出来。从图 4-1 可见相关动作捕捉运用。

---

① 徐晓敏、龚萍、杨文煜：《基于 AR 技术的云南禄丰恐龙谷数字化保护应用探析》，载《电脑与信息技术》，2021 年第 6 期第 32-34 页。

木偶戏作为动作捕捉技术运用的理想场景，应用研究成果显著。吴志峰对木偶戏应该如何运用动作捕捉技术的问题进行深入研究，提出一套针对中国木偶戏的个性化技术方案，并针对如何实现数字化保护，提出了深刻的见解。但实际运用并不多，需要未来做更多的尝试。

（三）总结

伴随数字技术的发展，非物质文化遗产登上了全面数字化的快车道，给非遗传承和发展提供了全新的机遇。明确非遗保护存在的问题，针对实际问题，结合实际情况，探究目前可使用的技术。研究出一条切实可行的发展道路，走出一条有创意、有特色、有生命力的数字化保护和发展道路。

第三节 非遗数字化的展示与传播

一、非遗数字化展示与传播现状

非物质文化遗产作为中华民族的宝贵财富之一，在增强民族凝聚力和自豪感方面发挥着不可替代的作用。2019年8月，国家科技部、文化部和旅游部等6个部门印发《关于促进文化和科技深度融合的指导意见》，提出："以数字化、网络化、智能化为技术基点，重点突破新闻出版、广播影视、文化艺术、创意设计、文物保护利用、非物质文化遗产传承发展、文化旅游等领域系统集成应用技术，开发内容可视化呈现、互动化传播、沉浸化体验技术应用系统平台与产品，优化文化数据提取、存储、利用技术，发展适用于文化遗产保护和传承的数字化技术和新材料、新工艺。"

重庆作为长江上游世界闻名的历史文化名城，地理位置独特，人文历史资源丰富，并留下了大量非物质文化遗产。重庆市现有国家级非物质文化遗产44项，市级非物质文化遗产388项，区县级非物质文化遗产1852项，其中特别包含国家级传统手工艺非物质文化遗产7项。重庆市高度重视非物质文化遗产的保护与传承，颁布了《关于加强我市非物质文化遗产保护工作的实施意见》《重庆非物质文化遗产条例》《重庆非物质文化遗产项目代表性传承人认定与管理暂行办法》等，对非物质文化遗产的保护与传承起到了重要作用。

二、开发非遗数字化线上多媒体展示平台

（一）重庆非物质文化遗产专题网

互联网实现了信息的及时性、便捷性传播，人们习惯通过互联网进行信息的个性化地检索和解读，因此，有必要改变传统非物质文化遗产档案的保护模式，建立专业的非物质文化遗产保护网站，对非物质文化遗产进行阅读、传播和研究。

非物质文化遗产数字化建设不仅需要对馆藏资料进行数字化，还需要建立良好的资料信息管理系统[①]。该软件需要具备四大系统：

1. 信息输入系统

该系统的功能主要包括接收和登记科研部门传送到资料室的电子数据和电子目录；接收并登记重庆市各区市的相关非物质文化遗产项目，通过调用后台数据库模块，将数据归类到系统中。

2. 管理存储系统

该系统的功能主要包括数据描述索引、非物质文化遗产资料动态管理和非物质文化遗产资料数字化管理。

3. 信息查询系统

该系统的功能主要包括对非物质文化遗产相关资料的登记、借阅、检索、处理和整理等，最终使信息能够通过网络查阅、利用。

4. 后台管理系统

该系统的功能主要是由系统管理员进行操作，完成整个系统的日常维护和调整、目录合并、数据库备份等工作。

---

① 赵滟：《重庆非物质文化遗产档案保护的困境及出路》，载《兰台世界》，2021年第3期第72页。

（二）重庆非物质文化遗产数字图书馆和数字化博物馆

建设非物质文化遗产数据和信息平台，收集非遗相关数据资料的静态留存，实现非物质文化遗产的数字化保护，可以为科研人员和技术人员提供各种数据和便捷的查询手段，方便研究者和技术工匠利用海量数据进行研究，服务于非物质文化遗产的保护工作。

数字图书馆不仅仅能将纸质图书和文献资料储存在建筑中，并且能利用数字技术为各种不同载体、不同地理位置的信息资源进行储存。各种资源能够面向对象进行网络查询和传播，而资源在网络环境下的共享则是基于可扩展知识的网络系统[1]。

博物馆在非物质文化遗产保护与传承中发挥着越来越重要的作用，日益成为人民群众了解地方历史文化的窗口。近年来，重庆市委、市政府高度重视非物质文化遗产博物馆的建设，并在《2019年重庆市政府工作报告》中提出要全面启动重庆市非物质文化遗产博物园（馆）的相关建设。重庆市建设非物质文化遗产博物馆不仅可以填补空缺，而且可以将非物质文化遗产博物馆的建设创造成为具有全国一流水平的、具有浓厚巴渝文化特色的现代化动态博物馆，创新利用多种数字化技术，丰富立体地展示重庆非遗文化，为人们创造一个有深厚文化底蕴的休闲文化娱乐场所。非物质文化遗产博物馆不同于一般的展陈博物馆，它立足于非物质文化遗产的生存状况，发挥着文化引领的重要作用，是重庆市传播中华民族优秀传统文化和开展思想道德教育的重要窗口，是重庆市首个将博物馆功能与科技、旅游、文化产业深度融合的重要领域。重庆非物质文化遗产博物馆的建设，有利于弘扬中华民族优秀传统文化，提高全民素质和文化认同；有利于增强重庆文化乃至中华文化的国际影响力；有利于推动非物质文化遗产数字化保护工程的发展，实现创造性转化和创新性发展，这对促进重庆市精神文明与物质文明的协调发展和文

---

[1] 陈茜朦：《非物质文化遗产虚拟展览馆用户体验评价与量化模型研究》，重庆大学硕士学位论文，2021年。

化生态建设具有重要的作用和意义[①]。

（三）影像化记录（非遗重庆系列片）

影像记录的方式不仅能全面、真实、系统地记录重庆非物质文化遗产的信息，更能将传统地非物质文化遗产技艺展示过程转换为视觉元素。通过现代科技手段，以视频等方式对重庆国家级非遗传承人制作流程进行记录。影像化记录是实现非物质文化遗产数字传播内容创新的重要路径。

重庆电视台科教频道开辟了《巴渝寻宝》《重庆瑰宝》专栏，宣传推介重庆市的国家级和市级非遗项目。截至2017年，已成功播出全部44期国家级项目和54期市级非遗项目的节目，其中44期国家级非遗项目已辑录成《巴渝国宝》音像制品和文集。成功播出《蜀绣》《浴火重生》《味·道》《深山里的歌手》《川剧》等11期节目，对全市非遗传统技艺进行全面展示和系统推介。

《我身边的非物质文化遗产》是FM96.8"重庆之声"推出的一档展示和介绍重庆市级非物质文化遗产及其传承人情况的音、视频双平台直播节目，节目全景展示重庆38个区县的非物质文化遗产代表性项目，进而发掘重庆文化中不为人熟知的基因片段，助推"非遗+商业"模式新发展。节目从2019年11月6日开播至今，已经分别对合川、荣昌、万州、梁平四个区县的市级非物质文化遗产代表性项目进行了访谈直播，包括合川的双槐善书、李氏养生粥、合川根雕；荣昌的旱蒸牛肉、缠丝拳、金钱板；万州的罗氏剪纸、川东竹琴、烤鱼；梁平的梁山灯戏、木板年画、竹帘等非遗项目。节目受到观众的广泛关注和好评，为当地非遗项目带来了红利浪潮。

三、拓展非遗数字化线下互动形式

（一）打造精品旅游路线，发展研学旅行

根据调查，重庆不少非物质文化遗产保护地区的旅游规划存在一些问题。

[①] 李旭杰：《基于移动终端增强现实技术于博物馆展示应用研究》，天津大学硕士学位论文，2018年。

例如地区内项目开展单一，文创精品不具特色，外来游客数量不多且本地参观者较少，旅游淡旺季明显。地方政府应该在"非遗小镇"基础上统筹规划，创新旅游线路。可以考虑将地区内国家级非物质文化遗产串联成线，打造"非遗乡村之旅""非遗高定之旅""传统手工艺之旅"等非物质文化遗产主题旅游路线，以吸引更多游客。

当今，研学旅行日益成为文旅融合的热门话题，非物质文化遗产资源丰富的地方自然是许多研学旅行机构的首选。对于拥有丰富的非遗文化旅游资源，集保护、收藏、展示、实地操作为一体的绝佳的研学旅行目的地，就应发挥优势，加强同研学机构以及中小学学校的合作，积极推动本地文化特色与学校课程相结合，分年级开发符合需要的研学课程供教师与研学机构选择。例如，打造"寻找非遗工匠""发现非遗之美""非遗的奥秘"等非物质文化遗产主题研学旅行路线，配套制作非遗文化研学手册。可以先在当地中小学校推广，进而向重庆全市发展，再到全国。开展研学旅行不仅能拓宽非物质文化遗产传播的渠道和范围，还能加深青年学子对非物质文化遗产重要性的认识和参与积极性的提高，不断增强非物质文化遗产的活力与传承的后劲。

（二）开展非遗数字化教学

非物质文化遗产的传统传承方式是师徒间的口传心授和长期实践，这种传承方式传承范围狭小，授徒数量有限，传授链条往往较为脆弱。比较之下，运用数字化手段记录存储技艺内容所形成的数字化资源，可以打破传统传承方式的局限性，并以直观生动的数字资源多角度、全方位传授非物质文化遗产内容。例如，故宫博物院古建中心着手将清代宫廷营造技艺的录像和动画，作为培训年轻工匠的学习素材，配合工地实操。在更大范围上，采用数字网络技术可以打破时空的限制，使非物质文化遗产内容得以广泛传播，满足人们日益增长的多样化文化需求，提高非物质文化遗产的传播率和利用率。

只依赖传统方式形成的资源，数字化程度较低，与真实、系统、全面记录和保护技艺的目标存在较大差距，这大大限制了非物质文化遗产资源的科学研究和有效应用。非物质文化遗产数字化保护工程项目重点利用图像、动

第四章　内容机制：非物质文化遗产数字化项目的开发机制

画、虚拟现实等现代数字化多媒体手段，将文化遗产的影音和动画资源编辑成具有生动性、直观性、参与性的高品质教材和宣传素材，进入传习所、走进课堂，特别有利于青年技工学习和掌握古建知识和核心技艺，也有利于在青少年中开展非物质文化遗产宣传教育和培训传承活动。

（三）加强商业化开发，做大重庆非遗产业

1.创新"非遗"设计，走进现代生活

创新应该精益求精，推陈出新，不离本源，尊重文化内在的审美心理，而不是背离传统，刻意追新、求新。针对重庆市非物质文化遗产产品而言，产品的设计理念革新应建立在保留传统文化的基础上再进行相关产品设计，不应仅简单停留于日用品制造。这并不是意味着抛弃其朴质实用的传统特色，而是要顺应潮流，在传承中创新。设计一批适销对路的新产品，例如旅游纪念品、文创品等，提高产品的附加值，扩大销路。

重庆非物质文化遗产项目的生产性保护与开发，必须在保持原生态的基础上进行创新发展，并融入现代化的审美需求和生活，科学开发利用，允许传承者群在不断变化的市场需求中检验和改进自己的作品与产品，设计出兼具重庆传统特色和时尚适销产品，只有这样才能顺应时代的发展。例如，在合理开发和创新设计方面，重庆荣昌夏布发展了"项目+传承者+基地（协会、企业）"的模式，实现了生活化和市场化的转型。荣昌夏布在产品研发方面创新求变，将"非物质文化遗产"元素巧妙融入产品中，比如制作服装、鞋、包、床上用品等"非物质文化遗产"创意产品，并研发出全手工制作的、纯天然植物染色技术的夏布。这项技术在国内属于创新项目，为传统夏布注入了新的活力。与此同时，荣昌夏布不断拓宽营销渠道，加强周边产品、服装、饰品、影视、玩具等衍生产品的开发，强化产业链，带动荣昌夏布的发展。

2.充分利用电商技术推动文化产业转型发展

灵活运用数字化技术，为重庆非物质文化遗产注入新的生命力，这是实现生产性保护与产业化发展的重要基础。重庆应抓住"互联网+"行动计划的机遇，推动信息技术与文化产业融合创新，支持商业网站建立传统手工艺展示和销售平台，打造"PC网站+手机网站+微信网站+APP三站合一"的四站网站，利用VR和AR技术，打造线上线下互动结合，开发手机APP，实现"非遗"工艺产品在网络上同步实现销售、二维码扫描、APP的三位一体展示。同时，运用"非遗"+众筹模式，推广宣传"非遗"产品，更好地把握市场和客户需求，提升创意设计水平、产品的市场化和时尚化，让更多人了解"非遗"项目和文化，激发年轻人对传统文化的浓厚兴趣，这有利于"非遗"传承者的队伍建设。

四、结语

习近平总书记指出，"当代中国正经历着我国历史上最为广泛而深刻的社会变革，也正在进行着人类历史上最为宏大而独特的实践创新"。从宏观的文化角度来看，近20年来我国对非物质文化遗产保护工作的"紧锣密鼓"，既是对以往文化遗产保护中缺失的非物质文化部分的弥补，更是整体文化建设的实践需求。对非物质文化遗产的充分认识、保护和利用也是当下我国从文化遗产大国向文化遗产强国转化过程中重要的工作组成部分。如北京大学高丙中教授所说，非物质文化遗产的保护事业"在中国的发展既是一项公共文化事业，也是一项惠及经济、社会各个方面的综合性基础工作，具有促进现代国家建设的战略意义"。

2020年成渝两地签署了一系列文件，深化川渝交流合作。作为成渝双城轴线上的黄金结合点，重庆市非物质文化遗产保护工作将迎来巨大发展机遇。在此背景下，通过对重庆市内国家级非物质文化遗产保护与传承现状进行分析，发现其在发展过程中仍存在创新力匮乏、发展合力尚未形成、传承现状不容乐观、文化内涵以及品牌效应不足的问题。将来，重庆市可以在保护的基础上从陶器专业人才培养、整合非物质文化遗产资源、丰富旅游形式、革新设计理念、塑造陶器品牌、深化馆际交流与市际合作、加强数字化传播与利用等方面着手推动重庆市非遗文化保护实现更好的传承与发展。

文明的发展有赖于一个民族对自身文化的传承与保护。非物质文化遗产

| 第四章　内容机制：非物质文化遗产数字化项目的开发机制 |

是人类文化多样性的重要载体，也是人类社会文明的见证。促进保护非物质文化遗产不仅是国家和民族发展的需要，而且与当下人类社会的可持续发展、构建人类命运共同体的需求是一致的。承载过去，诠释当下，铺就未来。对重庆市非物质文化遗产进行生产性保护与产业化发展，是符合重庆传统手工技艺自身传承规律的保护手段，也是重庆市非物质文化遗产保护工作科学发展的必由之路。因此我们要把有效保护与合理利用结合起来，完善制度，注重创新和培养人才，加大宣传力度，打造品牌，提升重庆非物质文化遗产文化影响力，促进重庆经济社会发展，改善人民生活。

第四节　数字化实例汇总

目前，非遗数字化采集、记录、整理、展示的主要手段是图片、文字、视频、音频等基础性数字技术。音视频技术作为非遗数字化的重要保存与展示手段，早在数字化技术普及以前就已成为文化遗产保护与传播中的重要角色。新兴数字技术正逐渐渗透进非遗数字化建设当中，对非遗的保护与传播产生影响，尤其是3D扫描与重建、虚拟现实、增强现实、网络技术以及动作捕捉等技术的应用和发展，为非遗数字化提供了新的技术手段与方法[①]。

我国非物质文化遗产代表性项目国务院先后于2006年、2008年、2011年、2014年和2021年公布了五批国家级项目名录（前三批名录名称为"国家级非物质文化遗产名录"，《中华人民共和国非物质文化遗产法》实施后，第四批名录名称改为"国家级非物质文化遗产代表性项目名录"），共计1557个国家级非物质文化遗产代表性项目，按照申报地区或单位进行逐一统计，共计3610个子项。国家级名录将非物质文化遗产分为十大门类。十大门类分别为：民间文学，传统音乐，传统舞蹈，传统戏剧，曲艺，传统体育、游艺与杂技，传统美术，传统技艺，传统医药，民俗。本节分别选取了重庆地

---

① 马晓娜、图拉、徐迎庆：《非物质文化遗产数字化发展现状》，载《中国科学》，2019年第2期第121-142页。

区在传统曲艺、传统美术、传统技艺、传统舞蹈、民间文学的五个分类中的典型，即重庆曲艺、梁平木版年画、荣昌陶、铜梁龙舞、走马镇民间故事来阐述非遗数字化的运用。

一、声音大数据中心

重庆市曲艺团自2020年起启动重庆及周边区县曲艺非遗数据库的建立工作，创立声音大数据中心，为四川清音、四川扬琴、四川评书、车灯等多项非物质文化遗产曲艺音乐及其现有多位非遗传承人已有艺术成果，谋求新的现代化传承和发展方式。该项目以声景理论为理论依据，与重庆大学文化创意产业研究院开展合作，结合数字化的录音技术和视频拍摄技术对重庆市曲艺团现有曲艺非遗传承人演唱的经典曲目进行录制采集，并在此基础上打造了曲艺非遗数据库等数字化成果。该项目还将生成的数字化成果以数字博物馆展厅的形式向市场成果转化，让传统非遗曲艺紧跟时代发展的潮流，助力传统曲艺实现跨行业、跨专业的融合与创新性发展，同时也是传统曲艺与电影学跨专业交叉研究与实践运用的典型案例。

在内容建设方面，截至2021年底，声音大数据中心已完成了对八位国家级非遗传承人的音视频录制采集工作，为非物质文化遗产的数字化传承实践提供必要的数据支撑。

图4-1 曲艺非遗数字化资料

资料来源：重庆市曲艺团。

| 第四章　内容机制：非物质文化遗产数字化项目的开发机制 |

在平台建设方面，重庆市曲艺团基于现有的国家级非遗项目，依托重庆大学"山地城镇建设与新技术"教育部重点实验室，以声音科技为载体，通过声音历史展现、数字化声音科技互动传播及数字声音景观文化再现等技术手段，创建了全国首个非遗声音大数据库，并于2021年4月在山城曲艺场完成首期建设，初步实现国家级非遗项目的数字化展示功能，游客年接待量过万人次。

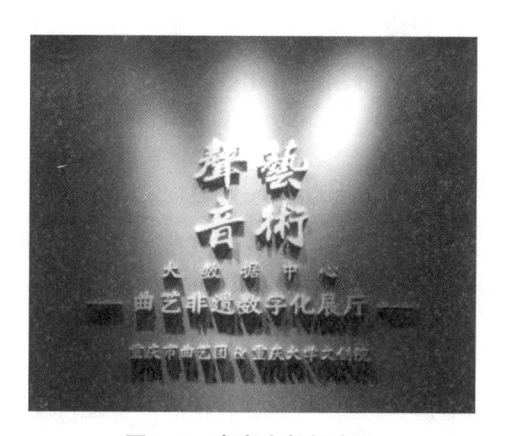

图4-2　声音大数据中心

资料来源：重庆市曲艺团。

重庆非遗声音大数据中心仍在持续建设之中。在重庆市文化旅游委的大力支持下，计划在重庆下辖区县全面铺开非遗声音数据的采集、存储与开发，以实现重庆全域有声非遗项目的大数据实时共享互联和场景交互应用，如若该大数据中心未来在全市乃至全国进行推广运用，消费者需求必定成数量级的增长，也势必会催生新产业、新业态，为重庆文化产业注入更多经济活力。

二、生动吉祥新年画（梁平年画）

（一）基本情况

梁平年画起源于明朝末年，为"四川三大年画"（绵竹、梁平、夹江）之一，是一种历史悠久的民间艺术，属于套色木刻版画。与梁山灯戏、梁平竹帘并称"梁平三绝"，又被誉为"川东奇葩"。梁平年画的画面饱满，表现手法浪漫，造型古朴，神态生动，构图细致，色彩对比强烈，常以驱邪纳福和历史故事等作为创作题材。梁平年画在2000年被评为"巴渝十大民间艺术之一"，在2006年被列入国家非物质文化遗产名录。

（二）数字化实践

梁平年画的数字化实践重点在于保护和传承，利用数字技术建立梁平年画数据库，有利于保护和传承年画的形式、制作工艺流程等资料。同时，在保护和传承的数字化实现之后，数字化技术也将为梁平年画的创新和展示提供便利。

第一，建立梁平年画数据库和数据档案，辅助保护主体对年画的记录与管理。数据库是用计算机存储的虚拟空间，数据库可以对梁平年画的传统纸质档案和资料等复杂信息进行计算机的搜集、整理和加工，使其转化为电子形式的二次文献信息，形成梁平年画的专属数字化档案资料，并能够对这些数字化档案资料进行增添、选取、更新、备份以及删除等操作。

梁平年画的数字化应用是利用现代数字化的先进技术来建立梁平年画图案、文化空间、工具工艺、传承主体等的数字化档案[①]。梁平年画的作品档案包括年画创作过程和年画的制作结果。结合年画的实际情况，依照惯用的分类方式，对梁平年画作品进行体系分类。然后对年画实物的原件作品进行高清扫描，将原作转化为高清分辨率的图片，储存到电子档案中。除去作品画作以外，梁平年画的作品内涵，主题思想也是数字化保护的重点对象，把每一幅年画背后的内涵信息和主题思想进行一对一或者一对多的系统存储。对实物工具的数字化转化是先根据梁平年画的制作工序，按照版材、颜料、刻板工具、纸、印刷工具五个主要制作环节要使用的工具进行分类。年画的制作工艺流程是数据库重点记录的对象。由于制作年画的过程具有动态性，所以利用音影等多种媒体融合的记录方式。现有的数字化信息库对梁平年画制作工序的整个完整动态过程：刻板、选纸、蒸纸、拖胶、刷粉、配色、印刷到开脸立体都有高清晰的记录。数字化档案的容量大，整理便利的优点能

---

① 黄雪萌：《数字化辅助梁平木版年画保护研究》，重庆大学硕士论文，2018年。

第四章　内容机制：非物质文化遗产数字化项目的开发机制

够有效记录大量的非遗相关信息。例如传承人基本信息、传承空间范围、传承谱系与脉络、传承工作日常记录等诸多方面也可以进行整体采集并建立相关的档案。

第二，现代数字化的设计软件能够辅助传承主体对梁平年画进行复原与创作。修复是梁平年画保护与传承的一个重要步骤，要修复就必须有一个可供参照的对象。根据前期对梁平年画进行的数字化档案的建立，数据库中储存的有关梁平年画原作和一些相关信息就可以成为修复梁平年画的参照。修补又分为局部或整体，先通过计算机辅助建立模型，来推测和模拟填补或者修复的结果，在调整和确定修复方案以后就可以交由传承主体来对需要修补的年画进行整体或局部的修复。数字化技术的应用不仅在复原上能够有效助力，在梁平年画的创新性创作中，也有着一定的优势。主体在创作过程中能够通过电脑图像处理软件对梁平年画提前进行效果预设，将最终构思呈现的颜色进行色彩层次的分层处理。数字化软件能够帮助传承主体对将要创作的作品有一个大概的把握。

第三，运用数字化的多媒体技术对梁平年画进行传播展示。数字化媒介多种多样，融媒体技术的发展充分调动了人类的感觉器官。触摸屏和 AR、VR 技术可以让梁平年画有更好的传播和展示渠道。通过触摸屏可以在日常生活的多种场所对梁平年画的内容进行展示。能够使得观看者对动态技艺流程的更直观地理解和对教学内容自主地选择，具有高效的交互性。现有对梁平年画制作十二道工序的动态讲解，将工序内容传递在触摸屏控制终端，受众可以根据自己的意愿进行选择。根据受众的体验感还具有更加人性化的设计，受众可以选择"快进""回放"或"暂停"，能够自主选择一道工序反复观摩，这满足了学习的自主性和差异性需求。现有展览馆还利用虚拟现实（VR）技术，让受众跨越时空的限制，置身于一个虚拟的场景中，近距离体验。在建立的虚拟的文化空间中时，通过外置的 VR 设备，受众是可以近距离直观地观看虚拟场景，例如，根据屏锦李家刷坊街和袁驿刷坊街建立三维数字模型，这让文化空间的展现更加细致，更为生动，从而能够增强受众对梁平年画深切感受和临场感。外置设备在使用过程中，可以通过肢体的运动来感受全方位文化空间。期间还可以体验梁平年画的制作过程，通过机器中虚拟场景与实现信息之间的交互，例如将梁平年画的制作工具建立一个三维模型，让受众在亲自操作和触摸到工具实物的同时与投射的虚拟画面结合，达到高还原度的制作过程的动态效果。梁平年画通过建立VR展览馆，让梁平年画可以借助虚拟现实等多种数字化技术达到高度还原与记录原貌的效果。非遗数据库中的信息数据能够有效地展示和转换整合，避免了传统的展示渠道将技艺和作品相分离的问题，使其展示和传播更加具体和生动。

三、古朴淡雅千年陶（荣昌陶）

（一）基本情况

荣昌陶器是中国四大著名陶器之一。荣昌制陶技艺于2010年入选国家非物质文化遗产名录。荣昌陶器生产主要分布在安富镇（原名磁窑里，2009年改为安富街道），故又名"安陶"。荣昌陶器在宋代鼎盛时期享有极高的声誉和巨大的影响力，距今已有800多年历史，其特点是"薄如纸，红如枣，亮如镜，声如磬"，其陶泥选自荣昌当地，质地细腻、色泽纯正、可塑性强，是一种优良的陶瓷原料，并且具有结晶含水量低、质地坚硬、硅铝含量高等特点，有"泥精"的美誉。陶器成品敲击声清脆悦耳，釉面光润，表面光洁。

（二）数字化实践

荣昌陶的数字化实践重点在于保护、传承和商业化发展，以传统的生产制作技术与现代数字技术相结合为手段，将数字化、立体三维、交互式、图像、声音、视频和文字等多媒体内容紧密结合在一起，有利于荣昌陶保护传承以及商业化开发[1]。在实现数字化后，也为荣昌陶的创新带来新的模式和机会。

第一，建立荣昌陶器博物馆（荣昌安陶博物馆），对荣昌陶器进行全方位的展示。首先搜集荣昌陶器相关数据资料的静态留存，如图像、文字等，

---

[1] 张佳、龚芸：《"参与式数字化保护"理念下的非遗教育传承体系及其实施路径——以重庆荣昌陶为例》，载《中国文艺家》，2021年第06期第56-58页。

| 第四章　内容机制：非物质文化遗产数字化项目的开发机制 |

以实现非物质文化遗产的数字化保护。通过现代科技手段，以视频等方式对国家级非物质文化遗产传承人制作荣昌陶器的各个流程进行记录，重点关注荣昌陶器制作的核心工艺，陶器装饰纹样以及传承人的独特艺术手法。真实全面地还原荣昌陶制作流程与相关技艺。影像记录的方式不仅能全面、真实、系统地记录非物质文化遗产，更能将传统的非物质文化遗产技艺展示过程转换为视觉元素，吸引更多的人来了解古朴淡雅、充满拙朴的荣昌陶。影像记录也是实现非物质文化遗产数字传播内容创新的重要路径。

第二，开通线上社交平台账号，利用抖音、微博等平台对荣昌陶器进行深度宣传。随着新媒体的快速发展，短视频、直播等各种传播方式已经成为非遗线上发展的工具，受到各个年龄层民众的欢迎。通过这种高效、便捷的交流方式，让更多的人可以了解和热爱非遗。以"短视频、直播+非遗"的形式积极探索网络发展空间，以新媒体助力非遗传播。创新开展适合本地实际情况的线上活动与新媒体推介项目，加大力度培养非物质文化遗产创意人才，孵化荣昌非物质文化遗产IP，充分融入互联网发展大潮，不断提高荣昌非物质文化遗产文化资源的知名度。

第三，打造"PC网站+手机网站+微信网站三站合一"的一体化网站。为了更好地保护和传播荣昌陶，需要创新性地利用数字技术"三站合一"，构建荣昌陶器展示网，为荣昌陶器的展示和推广提供平台和窗口。据统计，目前移动互联网用户有53%的时间使用手机上网，人们越来越习惯于用手机浏览和查阅信息，移动网络站已经渗透到我们的日常生活和工作中。三网融合将是未来网站建设和发展的新趋势。三站合一是一套集PC网站、手机网站、微信网站于一体的建站管理系统，可有效节省空间投资，减少人力维护工作量，拓宽宣传渠道。

四、火树银花龙飞舞（铜梁龙舞）

（一）基本情况

铜梁龙舞是以龙的形象为主要道具的传统民间舞蹈艺术形式，被国务院列入了首批国家级非物质文化遗产代表作名录,是重庆市十大文化符号之一,在重庆市铜梁区广泛流传。它起源于明朝,兴盛于清朝,于当代大放异彩,享誉世界。在清朝,《铜梁县志·风俗篇》记载"上元张灯火,自初八、九至十五日,辉煌达旦,并扮演龙灯、狮灯及其他杂剧,喧闻街市,有月逐人、尘随马之观",由此可见当时龙灯活动的盛况。铜梁龙舞包括两个系列:龙灯舞和彩灯舞。铜梁龙舞具有与民间活动密切相关、套路丰富、动律谐趣的特点。伴奏音乐独特,道具构思巧妙,造型夸张,服装简单大方,舞者可以自由参加舞蹈,退出舞蹈方便,群众参与性极强。铜梁龙舞在世界上因大蠕龙、火龙等少数品种而闻名,但大多数龙舞品种都处于濒危状态,急需保护和拯救。铜梁龙舞体现了铜梁人对"龙"文化的信仰,也表达了人们对和谐稳定生活的美好追求。铜梁龙舞作为中国众多龙舞中的一员,浸润着铜梁人的世界观、社会理想和愿望,呈现出独特的巴渝特色。

(二)数字化实践

铜梁龙舞的繁荣兴旺,可喜可赞。同时,在时代发展的机遇下,铜梁龙舞的发展也将面临巨大的压力和挑战。如何运用现代数字技术去保护铜梁龙舞,将铜梁的龙文化、龙舞文化、制龙工艺等有效地传承与发展更引人深思[1]。

第一,运用现代数字技术补充缺乏的数字化信息。虽然铜梁龙舞知名度广,但它的宣传力度仍然不够,能够在互联网上能搜索到的信息少之又少,只有少数的龙舞介绍以及表演视频。现有的表演视频数量稀少,且达不到目前人们所要求的画质,造成观众观感不佳,不愿意再深入了解铜梁龙舞。目前,宣传内容仅限于龙舞活动。铜梁龙丰富多彩的龙彩扎艺术和龙舞本身以及龙文化作为中华民族情感的价值宣传不够。缺乏现代数字技术的运用,未能将铜梁龙舞产品品牌整体包装,创造出应有的商业价值。我们要运用现代数字技术补全数字化信息,吸引更多的受众了解铜梁龙舞。

第二,数字博物馆的建立应该更好地保护和继承铜梁龙舞的"原始状态"。

---

[1] 庞洁:《论重庆铜梁龙舞的文化传承与审美特征》,重庆大学硕士论文,2015年。

博物馆式保护以更系统、更全面的专业态度出现在公众的视野中，它通过展示铜梁龙舞的扎龙技术、龙舞音频资料等促进龙舞文化的传播。同时，它不仅仅停留在简单的"文化状态"，还可以通过展示促进销售，使铜梁龙舞走向广阔的市场。龙的衍生文化创意产品和传统多彩工艺品都将在文化传播下进入市场，吸引公众对铜梁龙文化的关注。如今，文化创意产业已成为新的朝阳产业，其产业发展已成为当前经济竞争力和文化向心力的重要指标，并逐渐成为各地寻求新的经济增长点的重要内容。文化衍生品的良好发展也将为铜梁龙舞的发展提供保障。再加上行业的推广，铜梁舞龙自然会产生广泛而积极的影响。

第三，利用虚拟现实（VR）和增强现实（VR）等数字技术促进铜梁龙舞的发展。利用数字技术面向广大游客群体，将铜梁龙舞资源与铜梁旅游资源相结合，对非物质文化遗产进行创新，打造文化旅游品牌，实现其经济价值，建设以非物质文化资源为主题的现代旅游演艺产业。充分利用虚拟现实和增强现实技术，开发铜梁龙文化旅游产品，建设铜梁龙文化创意产品体验展示中心。在铜梁博物馆设立专门的体验展示中心，利用虚拟现实技术设计虚拟场景，让观众从不同角度观看铜梁龙舞。在交互环境中，受众还可以通过体态、手势等与系统交互。基于增强现实技术开发的文化旅游产品也可以集中陈列和展示，可以采用体验营销策略开展体验式营销活动，让人们更多地了解铜梁龙舞，激发人们对铜梁龙舞文创产品消费的兴趣。

五、生动奇特民间事（走马镇民间故事）

（一）基本情况

走马镇民间故事于2006年入选第一批国家级非物质文化遗产名录。其流传于重庆市九龙坡区走马镇，起源不详，但走马场始建于明末清初，并很快兴盛，故事也随之发展，其产生形成至少有四五百年的历史。走马镇的地方民间故事内容丰富、类型多样、数量众多、叙述者众多，包括神话和仙话、风物传说、动植物传说、民间传说、生活故事等。走马镇形成于明代中期的一个集市。在铁路和公路出现之前,它是重庆至成都主干道上的一个驿站,因西临璧山,南接江津而被称为"一脚踏三县"。旧时,人们从重庆到走马镇时已是精疲力竭,所以人们选择留在走马住宿,各行各业的客人交流了他们的经历和故事。随着时间的推移,它们融入了当地的记忆。关于野史的民歌和轶事代代相传,造就了今日的"民间故事之乡"。

（二）数字化实践

走马镇民间故事是重庆民间文学的重要代表。传统的保护和开发方式已经不能完全满足当前的需要,我们应该寻求改变。利用数字技术,以多样化的方式保存、宣传和推广信息,通过数字技术整合民间故事资源,促进走马镇民间故事的传承、传播和发展。促进重庆市非物质文化遗产的保护、传承和发展,提升重庆市文化软实力和竞争力。

第一,使用二维码技术管理民间故事材料。二维码作为一种通信应用技术,已经渗透到人们的日常生活中。我们可以将二维码技术应用于民间故事材料,改变传统的咨询模式和信息获取模式,提高数据管理和利用效率。民间事务资源丰富,包括纸质资料、图片资料、音像资料等,但没有科学的分类和管理,很难有效地提取信息。我们可以对信息进行跟踪或对信息的名称、类别和来源进行管理,对信息进行科学编码,并在此基础上粘贴民间故事信息的二维码标签,作为收集和跟踪信息的唯一标志。在走马镇民间故事资料的归档和查阅环节,可以使用二维码准确、高效、快速地查询资料的相关信息,科学管理走马镇民间故事资源[1]。

第二,把重庆走马镇的民间故事可视化。我们可以把重庆走马镇的民间故事制作成动画或电影。数字技术制作的民间故事比纸质媒体传播的民间故事更受人们欢迎,更有利于民间故事的保护和传播,扩大了走马镇民间故事的影响力。走马镇民间故事蕴含着丰富的人文地理知识,是动画和电影创作的好题材。例如,人们最喜欢的书籍,如《蛇吞象》《乌鸦与蛇》《猫和耗

---

[1] 罗敏:《数字化技术在重庆走马镇民间故事中的应用探讨》,载《重庆文理学院学报(社会科学版)》,2016年第4期第36-38页。

第四章 内容机制：非物质文化遗产数字化项目的开发机制

子打官司》等，可以作为学生的课外阅读材料，或被绘制成漫画、漫画书、插图等，也可以制作成电子书，通过网络和移动终端传播。这种年轻人喜欢的插图形式，可以使重庆民间故事在下一代不断传播。近年来，《西游记之大圣归来》《哪吒之魔童降世》等电影的票房和口碑都很好，说明传统民间故事有着深刻的影响。我们可以把动画、电影和电视民间故事放在公共交通上，也可以把走马镇民间故事中的人物发展成动画衍生品，作为旅游文创产品和儿童玩具的一部分。这不仅可以扩大观众的知识面，让他们更多地了解重庆传统文化，还可以促进中国文化产业的发展。

第三，建立多媒体资源库。民间故事是一种非物质文化遗产资源，除了传统的方式建立完整的档案外，还应通过建立民间文学多媒体数据库来保存。2014年，重庆申报国家第二批数字化试点工程成功，试点项目包括走马镇民间故事和重庆漆器髹饰技艺。目前，重庆市正在按照国家标准积极建设重庆市非物质文化遗产数据库。关于走马的民间故事种类繁多，新的数据资源不断产生，而传统的管理方法既烦琐又低效。数字化技术可以为我们建立多媒体资源数据库提供支持。目前，我们需要建立一个多媒体资源数据库来更好地存储资源。由于多媒体技术的交互性和实时性大大提高了检索效率，我们还可以利用声音、图形、图像、三维动画等形式建立索引作为检索标志，提高数字化管理的效率。

第五章　平台建设：非物质文化遗产数字化项目的管理机制

第一节　非物质文化遗产数字化项目管理平台建设的意义

近年来，媒介信息技术的发展给社会带来了巨大的变化。尤其是数字技术的普及应用，既拓展了文化的表达方式，也创新了文化的传播手段。国务院办公厅于2005年发布了《关于加强我国非物质文化遗产保护工作的意见》，提出要拥抱媒介技术发展，借助文字、图片、声音、影像等多样的媒体表现方式，对非物质文化遗产做系统、全面、真实地记录，并形成档案库、数据库。可见，以数字化技术助力非物质文化遗产的保护、传承与开发是大势所趋。在科学分析、合理建构和有效运行管理之下的非物质文化遗产数字化项目，不仅可以系统、真实、全面地记录某个地区的非物质文化遗产全貌，亦可提供便捷的查询、交流与利用非遗数字内容资源等功能，对于非遗的传承与保护、传播与研究、发展与利用等方面，发挥着基础资料参考与动态辅助决策的价值。[①] 具体来说，非遗数字化项目的基础是数字化平台的建设，其基本

[①] 秦枫：《非物质文化遗产数字化生存与发展研究——以徽州区域为例》，中国科学技术大学博士毕业论文，2017年，第98页。

建构流程包含集成建档、保护共享和开发应用三个步骤。

一、集成建档，整合非遗资源

非物质文化遗产数字化项目管理平台建设的基础工作就是对散落分布于各地区的非遗进行整合、编码、建档，这也是该平台的重要价值之一。我国的非物质文化遗产具有类型多样、数量庞大、分布广泛等特征。以重庆市为例，重庆下辖的26个区、8个县、4个自治县均拥有非物质文化遗产，经过十几年的挖掘，已经被认定的国家级非遗项目53项，市级非遗项目707项，区县级非遗项目3428项。如何将这些非遗资源集成建档是一个亟待解决的问题。近年来，通过各级政府主管部门的努力，我国已经实施了多次非物质文化遗产认定，分批次地评选了国家级非遗项目，并进行数据资料采集。但这些资料大部分较为零散。如重庆地区的非遗项目通常由不同的事业单位、社会团体或个人进行传承，非遗资料多以场景化、生活化的形态呈现；而负责统计、研究非遗项目的政府文化主管部门、高等院校、研究机构等所掌握的资料多以实体的形式呈现。不同形式、分属不同机构的资料没有进行系统性的归档，这就为非物质文化遗产保护的统一决策、动态管理带来了较大的困难。基于新型数字技术的非遗管理平台能够有效整合数量巨大、形式多样、来源复杂的非遗资料。

首先，从对单个非遗项目的管理角度来看，利用文字、声音、影像的综合性媒介纪录方式可以全面呈现非物质文化遗产的面貌，能够最大限度地复原非遗产生、发展和传承的真实场景，有助于非遗保护工作的活态化。对于非物质文化遗产的传承人（群体），也可以通过建档立卡的方式进行保护性管理。随着经济的发展和生活方式的变迁，我国许多非遗项目已经失去了继续生存的土壤，处于濒危断绝的状态。建设非遗数字化项目管理平台，能够准确监测各个非遗项目的存续情况，非遗项目等级、非遗传承区域、包括传承人（群体）数量等方面的资料均可为非遗保护工作的决策提供依据。

其次，从对非遗项目全局管理的角度来看，数字技术的应用可以为非遗资料集成建档、统合管理带来极大的便利。由于非物质文化遗产的地理分布广、版权归属复杂、管理机构多元等特征，导致非遗项目资料的数字转化水平存在极大的差异。一方面，非遗资源的数字化手段多样，政府文化部门、高等院校、科研机构多使用录音、录像等基础方式，部分非遗开发企业引入了数字化建模、虚拟现实（VR）等前沿手段；另一方面，非遗数字资源的联动效应差，主要原因是数据存储空间分散、存储格式不标准。因此，急需设置非遗数字技术的操作规范，统一数字资源的记录方式、格式标准，将弥散在网络空间和社会机构中的非遗项目资源进行统合。

二、保护共享，传播非遗文化

非物质文化遗产数字化项目管理平台的另一项重要意义是建构完善的非遗保护体系，通过数字技术记录并保存非遗项目，拓宽非遗文化传播的路径。目前，国际社会十分重视对人类文化记忆的保护与传承，非物质文化遗产作为文化记忆的重要构成内容对人类社会的发展具有不可估量的历史和人文价值。早在1992年，联合国教科文组织就发起了"世界记忆工程"，主要倡导对档案文献的长效保护，以声音、影像等方式记录口述历史，期望通过数字技术来长期保护和传播非物质文化遗产。而本研究基于中国的政治、经济、文化语境，思考非物质文化遗产的数字化项目管理机制，本质上也是为了有效推动非遗数字化项目的展开，实现对全国非遗项目的全面保护和开发，助力中华优秀传统文化的传承。

新媒体及数字技术大大拓展了人类传播信息的能力，依托特定场馆和机构的传统非物质文化遗产传播方式已经过时。因此，运用新型数字技术实现数据转化、资源共享都是大势所趋，建设非物质文化遗产数字化项目管理平台是未来非遗工作的重要发展方向。一方面，非遗数字化管理平台能够将散落于世、难以查询的非遗资料集成为统一的数据库，实现对非遗项目的统一保护和传承，便于科研机构、高等院校等组织开展非遗研究和科普工作，直接促进了非遗在社会大众之间的传播。早在2002年，国家文化部就实施了"文化信息资源共享工程",尝试对中华优秀传统文化进行数字转化,通过信息采集、数据处理、内容加工等步骤,最终形成传统文化数字资源集成平台,构建以互联网和新媒体为核心的传统文化传播空间。此项工程在我国长期实施,每年都会对数据库进行更新,逐渐形成了覆盖全国的文化信息资源共享和传播体系。目前,除了个别偏远地区外,我国已经在一定程度上实现了对优秀传统文化的数字转化及平台建设。可以说,打造非遗数字化项目管理平台,对非遗数据进行深度开发,可以让非遗项目的信息在网络媒介中被随心所欲地检索和下载,这是对非遗文化最大程度地传播,而且非遗数据的保存与传播也促进项目所有者信息的传递、知识产权信息的公开,也将进一步推动非遗资源的合法利用与共享。

三、管理应用,开发非遗价值

非物质文化遗产数字化项目管理平台的建设目的是以数字技术促进非遗的保护与传承,其前提条件是对非遗的生存现状和发展情况进行全面的管理。按照非遗数字化项目平台的建设逻辑,打造体系完备、内容丰富的非遗项目资料库,及时维护数据信息,对非遗保护工作的进展态势做好采集和编码,既能够全面、精准地呈现我国非物质文化遗产传承的基本样态,还可以进一步提升非物质文化遗产项目开发、管理水平,助力相关政府机构、企事业单位进行科学的决策;非物质文化遗产数字化项目管理平台可以提供数据集分析和趋势分析,更好地支持不同地区、不同种类的非物质文化遗产保护决策;它还可以监测处于濒危状况的非物质文化遗产项目,推动紧急保护措施的出台和实施;在互联网和大数据的时代背景下,非物质文化遗产的保护和传承将越来越依靠技术手段,基于数字信息的分析,能够更快速地判断一个非遗项目的生存状况,预测其发展前景,这将成为未来非物质文化遗产保护的重要工作方式;非物质文化遗产数字化项目管理平台也将成为未来危机预警、辅助传承和重点保护的重要依据。因此,在非物质文化遗产数字化管理过程中,需要一个集成平台来支持非物质文化遗产数字信息资源的合理整合与管理，以此来提高非物质文化遗产保护的效率和效果。非物质文化遗产数字化项目管理平台的建构是实现这项工作最重要、最基本的环节。

在现代社会语境下，从商业、教育、宣传等角度对非遗资源进行开发利用，创新非遗的社会价值和经济价值，无疑是传承非遗的重要形式。要实现非遗的有效开发应用，就需要有更加便捷的平台提供相关服务。一方面，非遗数字管理平台能够将非遗内容以标准化和数字化的形式进行编码存储，并根据市场的需求，通过编辑授权、展览、联合开发、教育培训等方式，灵活开发具有自主知识产权的各种视觉图像和文化元素。基于商业逻辑来实现非物质文化遗产的数字化开发，以延长非物质文化遗产项目的生命周期。非物质文化遗产数字内容的应用主要体现在三个方面：文化产业、公益服务和教育实践。文化产业是非物质文化遗产数字化资源的重要应用场景，企业可以借助数字管理平台检索并购买非遗元素的使用权，用于产品开发。数字展览、数字博物馆、纪录片放映等形式的公共服务也是非物质文化遗产数字化应用的另一个重要场景。数字化可以促进非物质文化遗产的传播，并为公众使用非物质文化遗产的数字内容提供便利。例如，可以通过广播、电影、电视、网络等渠道开展文化非营利活动，让非遗数字化管理平台的资源在大众媒介中广泛传播。就教育实践而言，它不仅是非物质文化遗产融入现代生活的重要途径，也是非物质文化遗产自身发展的关键，只有让非物质文化遗产走进校园，被广大青少年所认知和喜爱，非遗才能获得新的生命力。

第二节　非物质文化遗产数字化项目管理的模式建构

一、非物质文化遗产数字化项目管理平台的建构机制

非物质文化遗产数字化项目的管理平台建构，是一个复杂的文化工程，关涉到政策、经济、文化、技术等多方面的因素，绝非个体或某个群体所能完成。因此，协同机制建设是非物质文化遗产数字化项目管理平台建设的基

第五章　平台建设：非物质文化遗产数字化项目的管理机制

本前提，需要依赖政府有关部门提供政策扶植，技术人员设计基础架构，文化学者负责挖掘、整理非遗门类，非遗传承人或机构配合内容编码，广大社会组织提供资金支持，新闻机构帮助宣传推广。综合上述多种社会力量，才能建构有效的非物质文化遗产管理体系，形成长期的非物质文化遗产保护模式，助力非物质文化遗产的数字化传承和应用。

但是，就目前国内外非物质文化遗产保护和管理的参与主体来看，仍然以政府部门、文化单位、学术团体等具有官方或半官方性质的机构为主，呈现出一种"由上而下"的非遗管理逻辑。如日本于1954年提出了"无形文化财产"的概念，出台了《国宝保存法》《文化财保护法》，从法律层面确定了传统戏剧、音乐、艺能、舞蹈、手工技艺的历史价值和文化意义，"为世界非物质文化遗产概念的形成及非物质文化遗产的保护和弘扬树立了典范"[1]。日本对非物质文化遗产的开发与利用同样强调政府的主导机制和引导、干预作用。一方面，政府出台了一系列鼓励文化产业发展的相关政策、法规，如《文化艺术振兴基本法》《著作权法》《知识产权基本法》等，为非物质文化遗产的有序开发和市场应用提供了法律保障；另一方面，日本政府确立了"以儿童为本"的非物质文化遗产传承宗旨，在学校设置传统艺术和技艺的相关课程（如歌舞伎讲习会、"能乐""狂言"展演观摩等），组织青少年参与民间各类民俗活动仪式，提升他们对日本传统民族文化的认知与认同；最后，日本政府还设计了传统艺术和技艺传承人的评选机制，赋予他们"人间国宝"的荣誉称号和较高的社会地位，给予专项资金补贴，鼓励他们履行更多的社会和文化责任。

中国的非物质文化遗产保护和管理大致经历了三个阶段。在2000年之前，中国对于传统民俗文化和民间艺术的保护工作就已经有了一定程度的进展，既有地方政府的保护性措施，也有高校、文化机构的民族学、历史学研究。21世纪初，"非物质文化遗产"的概念逐渐成形，联合国教科文组织在

---

[1] 陈又林：《从日本经验看非物质文化遗产的活态传承》，载《神州民俗（学术版）》，2012年第3期第10页。

非物质文化遗产数字化项目开发与管理——以重庆地区为例

巴黎召开了首次"人类口头和非物质文化遗产代表作"评委会议，提出了旨在抢救节庆礼仪、手工技能、音乐、舞蹈等传统艺术形式的《保护非物质文化遗产公约》。我国则在2003年由国家文化部、财政部、国家民族事务委员会联合发起了"中国民族民间文化保护工程"，倡导在政府引导下，对民族民间优秀文化进行科学、合理、有序地保护和管理；并于一年后加入《保护非物质文化遗产公约》，进而发布《关于加强我国非物质文化遗产保护工作的意见》《中华人民共和国非物质文化遗产法》等文件、法规，从国家层面建构了我国非遗管理的制度，明确我国非遗保护的目标、原则和方针。自2014年之后，我国在《国家级非物质文化遗产名录》的基础上不断完善非遗保护管理机制。首先是深化对非遗的理论研究，统筹组织高等院校、科研机构、专家学者和相关文化事业单位，加强对非遗的认证与统计、传播与传承；其次，持续创新对非遗的技术开发，将新媒体数字技术应用于非遗保护工作，建设非遗数据库，拓展非遗的传播渠道；最后，扩大非遗的影响力，重视非遗的社会价值，尤其是强调非遗传承对于青少年群体的爱国主义精神、传统文化认知的提升作用。

从日本和中国的非物质文化遗产管理实践可以看出，政府作为一种外部性力量在非遗保护开发过程中起到了决定性的作用，非遗管理平台或机构的建设更多是基于宏观的行政法规或文化政策，较少考虑非遗的"地方"（the local）特征和需求，缺乏非遗传承者与消费者、官方与民间的双向互动。因此，本研究尝试结合德内格里、托马斯等人提出的"参与光谱"（the Participatory Continuum）理论[1]，来阐明非物质文化遗产数字化管理平台的建构机制。

在非物质文化遗产数字化项目管理平台的"参与光谱"中，可以基于多元主体的互动形式，归纳出六种管理机制，包括选择（co-option）、顺从（compliance）、商讨（consultation）、合作（cooperation）、共同学习（co-learning）、

---

[1] DeNegri B, Thomas E, Ilinigumugabo A, *Empowering communities*, Washington D.C: The Academy of Educational Development, 1999, P39.

第五章　平台建设：非物质文化遗产数字化项目的管理机制

集体行动（collective action）。在这六种管理机制中，地方民众与官方机构的互动形式都有所差异，其角色和功能都是不同的，对于非物质文化遗产管理的参与程度逐渐加深，发挥的作用越来越大。

（一）选择机制

非物质文化遗产数字化项目管理平台的选择机制的参与主体以官方机构、技术人员和学术团体为主。这些主体并非是非遗的直接传承者或使用者，因此在非遗保护和管理中代表着"他者"的力量，选择机制也是所有管理机制中最偏向单方面参与的。具体来说，选择机制下的非遗管理主要表现为文化工程或研究项目等形式，由"他者"主导挑选具备代表性的非物质文化遗产进行搜集和整理，编撰目录，并尝试数字化资源转化。例如重庆市非物质文化遗产保护中心隶属于重庆市文化研究院，自2005年以来，致力于开展非物质文化遗产的研究和保护，相继推出了《梁山灯戏》《川江号子》《巴渝民俗戏剧研究》《重庆市国家级非物质文化遗产名录项目集成》等学术成果，于2009年联合重庆文理学院成立了"重庆文化遗产学院"，进一步推动了重庆市非物质文化遗产的教学和传承工作。可见，官方机构、技术人员和学术团体等"他者"在参与非遗选择工作的过程中，较少与地方民众进行合作，或者是将地方的非遗传承人（群体）作为研究对象，所建构的非遗管理平台也相对封闭，地方民众较少有机会使用到非遗管理平台的数据或相关成果。这种管理机制也可以被称为"对地方所进行的工作"（working on the local）。

（二）顺从机制

顺从机制是指以非物质文化遗产传承人（群体）为代表的地方民众，由于某些外在因素的诱导，被动地参与到非遗管理平台的建构之中，但地方民众在顺从机制下的主要工作通常是提供研究所需的样本和素材，而官方机构、学术团体等外部因素才是决定非遗管理平台议题选择、内容生产的重要力量。例如由重庆市文化委牵头，重庆市非物质文化遗产保护中心协办，重庆冠郎文化传播有限责任公司承办，在重庆电视台、爱奇艺、腾讯视频等平台播放的大型系列纪录片《重庆瑰宝》，选取了重庆地区国家级、省级、区级312项非物质文化遗产，围绕非遗的生存状况、历史源流、艺术特征、传承创新等方面的内容进行影像化表现。在第一集《綦江农民版画》中，镜头聚焦于市级非遗传承人李成芝，系统介绍了綦江版画色彩艳丽、对比鲜明的绘画风格，以及反映地域特色、传统文化的绘画内容，同时讲述了李成芝自幼受到家庭影响热爱民间艺术，立志传承綦江版画，刻苦钻研绘画技巧的成长故事。但是，在《重庆瑰宝》这一节目中，像李成芝这类非遗传承人（群体）只是作为被拍摄的对象，负责向观众阐明某项非物质文化遗产的特征和价值，并不过多参与整个项目的规划和制作。因此，顺从机制下的非物质文化遗产保护和管理工作也可以称为"为当地而工作"（working for the local）。

（三）咨询机制

咨询机制是一种更加重视地方民众参与的非物质文化遗产管理方式。官方机构、学术团体等"他者"会征求地方民众的意见，掌握非遗的地域性特征和民众需求，以此来分析并决定采取何种行动进行非遗的保护和管理。在非遗管理平台的建构方面，地方民众的意见能够更加全面地反映非遗在日常生活场域的存在状态，进而在非遗数字化资源转化过程中最大限度地保留非遗项目原始文化语境，实现非遗的活态化传承。同时，咨询机制下的非遗管理平台具有开放性，其建设目的是为了非物质文化遗产的再开发利用，需要让地方民众能够看到和使用非遗管理平台的成果。例如重庆市的《巴渝国宝》项目，先后深入荣昌、涪陵、彭水苗族土家族自治县等地区调研，访谈非遗传承人（群体），咨询当地非遗的传承和发展样态，运用影像对44个国家级非物质文化遗产项目进行纪录，在精编加工后制作成音像作品和图书。同时，结合重庆市的"非遗文化进校园"项目，向全市所有公立中小学、职业技术学校和公益性文化单位赠送13000套《巴渝国宝》DVD。这一方面革新了非遗传承的形式，将传统的父子、师徒相传的民间技艺融合进学校教育体制，借助数字化技术拓展了非遗传承的空间；另一方面，提升了非遗保护的社会参与力度，整合了非遗传承人（群体）、普通民众、基层政府等多方面的地方力量。从这个意义上来说,咨询机制可以被称为"为当地以及与当地人一起工作"(working for and with the local)。

(四)合作机制

在整个"参与光谱"中,合作机制是地方民众与"他者"作为平等参与主体的开始。在该机制下的非物质文化遗产管理平台建设的相关事宜由双方共同决定。地方民众与官方机构、学术团体共同选择非遗传承、保护项目,依托技术人员进行数字化内容生产。例如重庆市曲艺团作为西南地区成立最早、融合多样地方曲种的综合性曲艺艺术表演团体,隶属于重庆市文化和旅游发展委员会,拥有四川评书(重庆)、四川清音(重庆)、四川扬琴(重庆)、车灯等多项国家级非物质文化遗产,四川盘子、谐剧、相声等重庆市级非物质文化遗产,也是王毅、徐擎等多位非遗传承人的工作单位。因此,重庆市曲艺团既属于官方机构,同时也代表了重庆市非物质文化遗产的地方力量。近年来,重庆市曲艺团一方面开展非遗数字化管理项目,以音频、影像的方式储存四川评书(重庆)、四川清音(重庆)、四川扬琴(重庆)等地方传统曲艺的经典篇目,进而尝试以AR、VR、全息投影等技术创新非遗的表演方式。这既需要政府的资金支持,也需要非遗传承人的配合,同时还要求技术人员构架基础平台,最终形成非遗数据库,可以看作是合作机制实施的典范;另一方面,重庆市曲艺团的非遗数字化管理项目积极探索非遗开发利用新路径,与中小学合作,将数字资源应用到非遗教育和社会普及的场景之中,引导地方民众共同参与非遗保护和传承。因此,这种合作机制下的非物质文化遗产管理平台建设可以概括为"与当地人一起工作"(working with the local)。

(五)共同学习

相比于合作机制,共同学习一方面要求地方民众与"他者"分享非遗知识,另一方面要求二者协作创新非遗的保护和传承模式。也就是说,在非物质文化遗产管理平台的建构过程中,地方民众不再只是被动地为"他者"提供所需要的资料或素材,而是要充分发挥主观能动性,主动探索在新的文化环境和技术条件，传统技艺如何创新表现手法、如何被社会大众所认知，实现可持续地传递。同时，在物质文化遗产管理平台建构完成后，地方民众可以借助平台提供的知识，创造经济收益，实现社会价值。例如重庆市大足区依托世界文化遗产"大足石刻"，深入挖掘地方性非物质文化遗产，已成功申报市级非遗10余项，评定区级非遗近30项，其中大足石雕、大足剪纸、宝顶香会、大足石刻传说、望娘滩传说等非遗项目是在大足石刻出现之后产生和发展出来的。经过地方民众的共同学习，这些传统民俗艺术形式和民间文学的形态最终得以固定，形成了具有地域特征，反映地方文化、蕴含地方情感的非物质文化遗产。并且，当地民众十分重视非遗的传承、开发和利用，自发成立众多非遗民间研究与教学组织。如大足石雕非遗传承人刘能风在当地学校、社区开展非遗普及教学活动，培养了一批后起之秀，设计制作的"媚态观音""千手观音"等作品多次荣获国家级、市级金奖，并且远销美国、日本、新加坡、韩国等40多个国家和地区，成为当地经济增长的重要产业，也直接促进了大足石雕的传承。可见，共同学习这种参与机制强调地方民众的自主性，可以概括为"与当地人一起工作，以及当地人自己做"（working with and by the local）。

（六）集体行动

集体行动是"参与光谱"中较难实现的一种机制。首先，从官方机构的角度来说，非遗管理牵涉到文化、旅游、教育等多个领域，集体行为要求不同领域的主管部门基于共享意识执行同步政策，这就对非遗管理的集体行动提出了挑战；另外，大部分非物质文化遗产广泛分布于乡村地区，也无形中提升了非遗管理集体行动的难度。其次，从地方民众的角度来说，受制于文化水平、教育程度等因素的影响，民众的文化自觉意识通常较为欠缺，以及对非遗的社会价值认识不够清晰，因此没有能形成传承、保护非遗的主观意识。目前，从世界范围来看，较为成功的非遗管理平台的集体行动是英国的"创新产业"（creative industries）。该行动包含广告、建筑、电影、音乐、出版、表演等多个行业，在文化生产中自觉地融入英国的传统艺术形式，既弘扬了英国传统文化，提升其国际认知度，又创造了经济价值，为英国贡献了近千亿英镑的收入，提供了200多万个工作岗位。[1]集体行动的非遗保护参与机制，实际上是对地方性力量的全面激活，也可以称为"当地人自己做"（working by the local）的方式。在没有外部强制力量的前提下，本地的民众自主地形成非物质文化遗产管理组织，自由地进行非遗传承和开发，所创造的文化、经济成果也由地方民众共享。

二、非物质文化遗产数字化项目管理平台的模型设计

从全球角度来看，国家参与非物质文化遗产的保护是一种普遍做法。它不仅从宏观角度促进了非物质文化遗产保护、管理水平的提高，而且通过制定法律、法规，可以在尽可能短的时间内形成一整套非物质文化遗产保护措施。然而，这种方法也有一些缺点，即非遗保护的参与主体较为单一，使用行政手段管理非物质文化遗产将降低工作效率，增加行政成本。通过前文的阐述，我们已经看到了多元参与主体的非遗保护模式是未来的主要发展趋势，再结合国内外非物质文化遗产保护政策和案例的分析，本研究尝试提出了数字技术条件下的非物质文化遗产项目管理的新模型（详见图5-1）。

非物质文化遗产数字化项目管理平台的模型设计以"四核驱动"为特征，在以政府主导为核心的假设下，通过激励、监督和仲裁相结合，形成数字技术融入非遗项目管理的机制，而辅助的驱动因素则包括科学技术、社会大众和文化产业三个方面。这种非物质文化遗产管理模型借鉴了西方发达国家的先进经验，由政府单一的驱动机制向全社会共同参与的驱动机制转型，符合时代的发展趋势。无论是国家驱动、科技驱动、社会驱动还是产业驱动，都以数字技术的实践应用为基础条件。

---

[1] 涂丹：《全球文化保护视野下的武汉市非物质文化遗产传承保护与开发利用研究》，华中师范大学博士毕业论文，2017年，第33页。

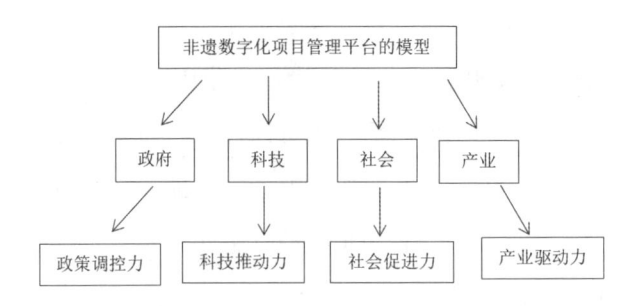

图5-1 非遗数字化项目管理平台的模型

就非遗数字化项目管理平台的核心要素和主导动力而言，政府是驱动机制的主导，政府借助其公信力和权利资源，通过政策引导和政策保障推动全社会参与非遗保护事业，实现政府主导下的行政资源和保护资源的有效配置，持续释放行政驱动能力，并同步推进非遗保护领域内的行政体制改革，以适应不断深化发展的非遗保护事业的需要；文化产业要素是整个驱动机制的核心主旨，我国非遗资源数量庞大、种类繁多、特色各异，挖掘其中蕴含的文化价值和商业价值是对其实行更为高效的开发利用。科学技术作为非物质文化遗产保护的驱动要素，国外已有较为成熟的实践经验，如意大利对壁画的影像扫描、雕塑和建筑的3D模型复原等。我国应当积极吸取这些先进经验，运用科学技术手段提升我国非遗保护的能力，结合文化产业因素，创新非遗开发路径，实现文化层面、经济层面的双丰收。社会大众是非物质文化遗产管理模型的基础，只有将全社会的力量集合起来，才能长久地推动非遗事业进步。这需要通过教育、宣传、经济等多种手段，提高大众对非物质文化遗传的关注度。

基于"四核驱动"的非物质文化遗产数字化项目管理平台模型，符合我国当前社会发展的实际水平，结合了非物质文化遗产保护的实际需求。但在具体实施过程中，还需要结合非物质文化遗产的类型特征和地域差别，不断对管理措施进行微调。对于非物质文化遗产丰富的地区，在政府的有效地引导下，资源驱动力将成为最重要的驱动力，其丰富的文化魅力将成为非物质文化遗产保护的推动引动。对于非物质文化遗产较少的地区，应注重发挥社

第五章 平台建设：非物质文化遗产数字化项目的管理机制

会支持的推动作用。具体来看，"四轮驱动"的非遗数字化管理模型的优势，主要集中在以下四个方面：

第一，集聚各界力量，形成非遗保护合力。在非物质文化遗产的保护和开发过程中，获取社会各阶层对非物质文化遗产保护事业的支持，促进对区域非物质文化遗产的管理，是构建非遗文化空间的基础。通过非物质文化遗产管理参与主体的拓展，调动各方的积极性，实现非物质文化遗产管理的创新与变革，丰富非遗数字化项目管理平台资金、技术和人员水平，推动非物质文化遗产保护工作迈上新台阶。

第二，技术与文化融合发展，推动非遗传承数字化转型。以"四核驱动"为特征的非物质文化遗产管理模型，不仅体现了技术和文化整合的指导思想在非遗产管理领域的应用，还为技术和文化的融合提供必要的组织环境和产业基础，促进非遗项目、技术人员、管理人员、文化产业代表之间的全面接触和知识交流，形成良性的合作氛围，构建了非物质文化遗产数字化资源的开发路径，为非物质文化遗产数字化项目管理平台的长期发展奠定了基础。

第三，多元保护集群互动，打造非遗管理长效机制。总的来说，"四核驱动"的非物质文化遗产数字化项目管理机制，不再只注重短期效果，不再只从文化或经济的单一视角出发，而是从非物质文化遗产保护的长期目标着眼，通过建构多元参与主体的稳定合作关系，来应对非物质文化遗产保护工作中可能遇到的困难，提高非遗保护、管理体系的抗风险能力，以及对政府的资金依赖。

最后，建构活态保护的文化空间，提升非遗项目的社会服务功能。中国非物质文化遗产的传承与保护，为文化产业的发展提供着无穷的资源。而"四核驱动"的非物质文化遗传数字化项目管理机制，正是为了打造文化领域和经济领域的联动平台，一方面为吸引社会资本加入非遗保护工作体系，另一方面孵化非遗知识产权代理商、文创产品开发、技能培训等产业项目。此外，文化产业的繁荣、文化产品的丰富有助于提升了非遗的社会影响力，吸引社会大众对非遗的关注。

三、非物质文化遗产数字化项目管理平台的组织架构

数字内容建设是整个非物质文化遗产数字化项目管理平台的核心部分，也是数字化项目能否实现对非遗开发利用的关键。因此，创建非物质文化遗产数字化项目管理平台的首要工作就是有组织、有层次地对非物质文化遗产资源进行架构。总体来说，国外通行的非物质文化遗产分类标准有地理分布、濒危程度、类型属性等因素。本研究将以此为基础，结合国内的非物质文化遗产评定和管理体系，以重庆市非遗管理实践为例，从六个方面提出非物质文化遗产数字化项目管理平台的组织架构的基本设想。

（一）基于项目类别进行组织架构

对非物质文化遗产的项目类别划分存在着多种不同的指标体系。如联合国教科文组织的《保护非物质文化遗产公约》就提出，将非遗分为"口头传统和表现形式""表演艺术""社会实践、仪式、节庆活动""有关自然界和宇宙的知识和实践""传统手工艺"这五大类型。可以看出，《保护非物质文化遗产公约》的分类方式较为宏观笼统。一些民俗活动兼具仪式和表演性质，如"龙舟竞渡""铜梁龙灯会"等，无法被归类为哪一类非遗项目。一些具有地域性质的传统生活习俗又不符合上述五类非遗项目中的任何一种，如"荣昌杀年猪习俗""夔州食俗"等，可能导致有历史、文化价值的民俗无法受到应有的重视。按照我国《非物质文化遗产法》的规定，非遗项目可分为"传统口头文学以及作为其载体的语言""传统美术、书法、音乐、舞蹈、戏剧、曲艺和杂技""传统技艺、医药和历法""传统礼仪、节庆等民俗""传统体育和游艺""其他非物质文化遗产"。这种分类方式更加符合我国非物质文化遗产的具体状态，但仍然存在覆盖面不够全面、类型划分不够细致等问题，同样不适用于非物质文化遗产数字化项目管理平台的组织架构需求。我国于2007年公布的《中国非物质文化遗产普查手册》将非遗划分为十六个大类，包括民间文学、民间美术、民间音乐、民间舞蹈、戏曲、曲艺、民间杂技、民间手工技艺、生产商贸习俗、消费习俗、人生礼俗、岁

时节令、民间信仰、民间知识、传统体育与竞技、传统医药。《中国非物质文化遗产普查手册》对非遗项目做了十分细致地划分，但不免存在项目类内容重复的问题。例如，消费习俗与生产商贸习俗、民间知识与民间手工技艺就可能存在重复。而非遗数字化项目管理平台要求分类具备原子性，即各项目类别不互相重叠，分类标准既要消除不必要的冗余，还要减少属性冲突、命名冲突等。因此，本研究认为应当遵循国家级非物质文化遗产名录的分类方式，将非物质文化遗产数字化项目管理平台的组织架构分为十个大类，作为横向的门类区别。这也是目前重庆市多所非物质文化遗产研究机构的分类方式。具体的组织架构形式如下图所示：

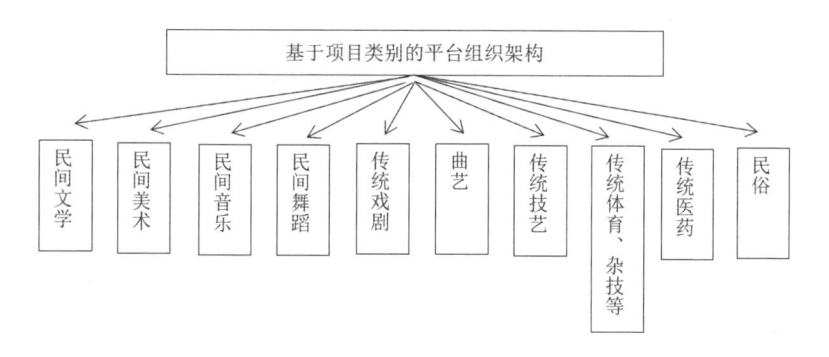

图5-2 基于项目类别的平台组织架构

（二）基于地理位置进行组织架构

非物质文化遗传生发于日常生活，依托于一定的社会和地理环境。因此，在非物质文化遗产数字化项目管理平台的组织架构中，有必要凸显地理因素。这一方面有助于直接统计和管理不同地区的非物质文化遗产的数量、类别，还能够时刻监控非遗在不同地区的传承和保护状态。其次，从非物质文化遗产的开发利用角度来说，以地理因素对非遗进行类目划分和组织架构，可以在传播非遗文化的过程中宣传地方特色，拉动旅游行业，促进经济发展。第三，在非物质文化遗产的传承教育过程中，依据地理因素组织架构的非遗数字化管理平台能够最快速地提供相应的数据信息。地方教育机构和研究团体可以借助平台直观地向学习者呈现本地的非物质文化遗产，比较不同非遗项目之间的联系，总结其中的共性，进而对地方文化特征形成总体性的认知。就重庆地区来说，大部分非物质文化遗产散布于乡村且种类丰富。如石柱土家族自治县就拥有国家级非物质文化遗产"石柱土家啰儿调""家族吊脚楼营造技艺"，市级非物质文化遗产"石柱板凳龙""石柱土戏""马氏根艺"等。在基于地理位置组织架构的非遗管理平台中，使用者只需要以地名"石柱土家族自治县"进行检索，即可以获取当地非遗的全部信息，在选择特定的非遗项目后，就可以进一步使用或学习相关的数字资源，如要用于商业开发也能够做到有的放矢。可以说，地理位置构成了非遗数字化项目管理平台的纵向组织架构，具体形式如下图所示：

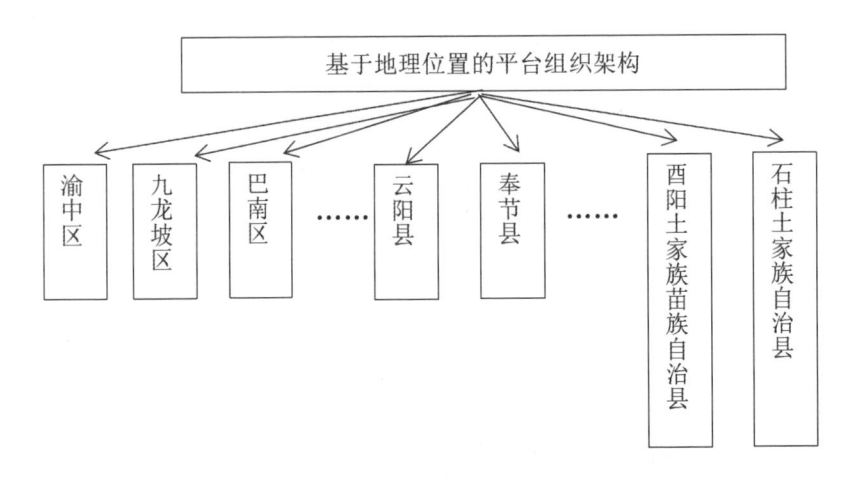

图5-3　基于地理位置的平台组织架构

（三）基于申报批次进行组织架构

2005年，国务院发布了《关于加强文化遗产保护的通知》，并制定了"国家+省+市+县"共4级保护体系。截至2021年6月，经国务院批准，国家文化部共计发布了5批国家级非物质文化遗产名录。同时，近年由各省、市、县自主发布省级非物质文化遗产名录31个，市级非物质文化遗产名录334个，县级非物质文化遗产2853个。具体从重庆地区来看，截至目前，重庆市共有国家级非遗项目53项，包括民间文学类3项，传统音乐类14项，传统舞蹈类4项，传统戏剧类3项，曲艺类6项，传统体育、游艺与杂技类1项，

第五章 平台建设：非物质文化遗产数字化项目的管理机制

传统美术类7项，传统技艺类7项，传统医药类4项，民俗类4项。根据《重庆市市级非物质文化遗产项目名录》，重庆市分别于2007年、2009年、2011年、2014年、2016年和2019年进行了六批市级非物质文化遗产认定，共计707项，其中民间文学31项，传统音乐105项，传统舞蹈54项，传统戏剧31项，曲艺15项，杂技8项，传统武术、体育与竞技25项，民间美术、工艺美术61项，传统手工技艺及其他工艺技术272项，传统的医学和药学41项，民俗64项，基本覆盖了所有非遗门类。区县级非遗项目认定批次较多，共计3428项。按照申报批次对非物质文化遗产数字化项目管理平台进行组织架构，既可以横向比较不同地区的非遗传承保护现状，勾勒出在同一时间段内不同地区非遗认定的数量和级别差异，也可以纵向分析某个特定地区的非遗文化开发进度。同时基于申报批次的组织架构需具备扩展性和动态性，随着非物质文化遗产的保护和开发实践的深入，非遗认定批次逐渐增多，数字化项目管理平台的内容也会日益丰富。另外还需要注意的是，一些非遗项目可能随着时代的发展或政策的变迁而退出数字化项目平台目录。基于申报批次的具体组织架构形式如下图所示：

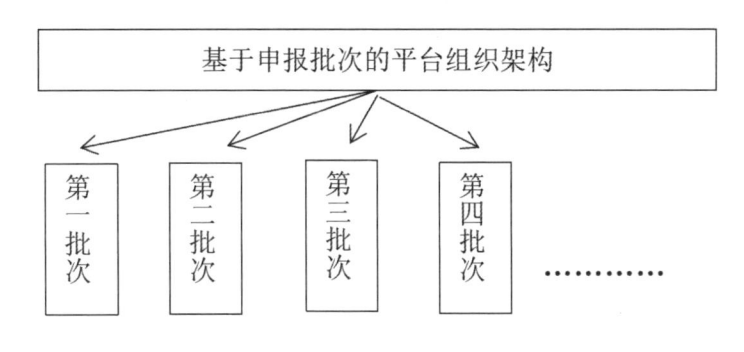

图5-4 基于申报批次的平台组织架构

（四）基于项目级别进行组织架构

非物质文化遗产的项目级别评定取决于多种因素。首先是受到濒危程度的影响。随着我国社会现代化转型的日益深化，人口逐渐从乡村流向都市，从中西部地区流向东部沿海地区。不同地域的生活习俗交融碰撞，虽然在一定程度上促进了文化的融合发展，但也使得一些具有鲜明地方特色的文化类型逐渐消失。同时，乡村及中西部地区的人口流失，也间接导致了部分非遗项目的生存困境。在新闻报道和纪实影像中，我们常常能够看到一些非遗传承人感叹青年人都进城务工，自己的手艺面临着失传的危机。因此，在国家级非遗项目评定时，需要优先保护那些濒危的传统技艺或民俗；在非遗数字化项目管理平台建设中，也应当优先聚焦于高级别的非物质文化遗产。其次，非遗项目级别评定还受到历史价值、科学价值、文化价值的影响。传承历史悠久，能够反映我国古代人民智慧，代表中国传统审美观念的非物质文化遗产在项目评定过程中理应受到更高的重视，这也为非物质文化遗产数字化项目管理平台组织架构模式提供了一个参考。最后，少数民族特色文化也是非遗项目评定需要考虑的因素。我国是一个多民族国家，不同民族的文化既有共性也有个性。因而在非物质文化遗产项目评定中需要充分考虑到少数民族特色文化的保护与传承。重庆地区的石柱土家族自治县、秀山土家族苗族自治县、彭水苗族土家族自治县、酉阳土家族苗族自治县都拥有丰富的国家级、市级非物质文化遗产，在非遗数字项目管理平台的建设中以项目级别作为分类框架，能够有效凸显和传播当地的少数民族特色文化发展态势。总体来说，为了非物质文化遗产保护的有效性和全面性，以国家、省（自治区、直辖市）、市、县（区）为标准进行层次划分并组织管理平台架构是科学合理的。具体如下图所示：

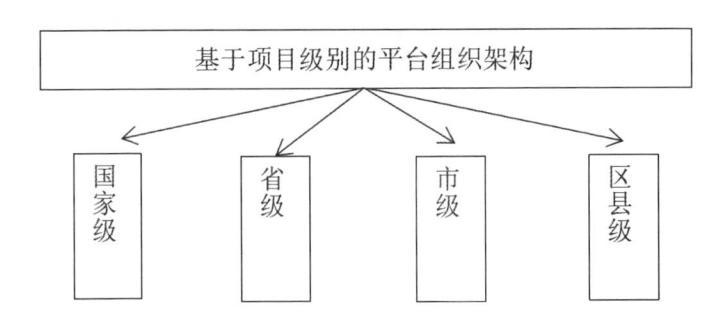

图5-5　基于项目级别的平台组织架构

四、非物质文化遗产数字化项目管理平台的实现保障

通过前文的论述,我们已经阐明了非物质文化遗产数字化项目管理平台的建构机制,设计了相应的基础模型并探讨了组织架构的方式。但要保证非物质文化遗产数字化项目管理平台的有效实施和长期运行,还需要一系列外在条件的支持。本研究结合我国非物质文化遗产的保护实践现状,将这些外在条件归纳为法律保障、行政保障、资金保障和传承保障四个方面。

(一)法律保障

非物质文化遗产是人类智力活动的结晶,从本质上来说是一种民间知识,属于知识产权的客体。因而对知识产权的保护有助于非遗的有序传承和开发利用,并且非遗数字化项目的组织模式与其法律属性有直接的关联。从民法的客体理论看,物质文化遗产属于民法上物的范畴,对其保护应采物权制度;而非遗是无形的、抽象的,是人类脑力劳动的成果,其本质为信息,应划归知识产权的客体范畴,对其保护应采知识产权制度[①]。目前,通过知识产权立法来保障非遗传承已经是国际社会的共识,联合国人权委员会专员作出的一份有关人权的报告中指出:"面对知识产权保护和土著及本土社区知识的保护之间存在的紧张关系(例如未经知识持有人同意被社区之外的人使用其知识,并且没有公平补偿),要求对现存的知识产权制度进行修改、改变和补充以适应非遗的保护。" 21世纪以来,世界各国均开始重视保护非物质文化遗产的知识产权,世界知识产权组织(World Intellectual Property Organization)成立了知识产权与遗传资源、传统知识和民间文艺政府间委员会(Intergovernmental Committee on Intellectual Property and Genetic Resources, Traditional Knowledge and Folklore,简称WIPO-IGC)。"委员会的成立表明与会代表团就在知识产权制度框架下保护非遗达成了基本的一致。由此可见,从知识产权立法的角度推动我国非遗资源保护具有重要意

[①] 齐爱民:《论知识产权框架下的非物质文化遗产保护及其模式》,载《贵州师范大学学报(社会科学版)》,2008年第1期第55页。

义。"①2011年2月25日，中华人民共和国第十一届全国人民代表大会常务委员会第十九次会议通过了《中华人民共和国非物质文化遗产法》，并于2011年6月1日起施行。自此，我国的非遗保护和开发工作开始进入有法可依的新阶段。总体来说，世界各国对非物质文化遗产的知识产权界定和法律保护是从三个方面开展的：

首先是重点保护专利权。2003年联合国教科文组织《保护非物质文化遗产公约》的第二条规定，非物质文化遗产可分为五个大类。第四种类非遗类型包括了人类有关自然界和宇宙的知识和实践，如天文、地理、自然、人文、医药等方面，以及一些民族或地区的传统农业生产知识和实践、生态知识和实践、药物知识和治疗方法、航海技艺和实践，甚至关于大自然和宇宙的传统观念（如时间和空间观念和宇宙观）等。第五种遗类型则指传统的手工艺，主要包括一些民族或地区世代相传的具有鲜明风格的传统工艺美术、手工技艺、生产技法和制作技艺等。这两大类型的非遗最适宜通过专利权模式进行法律保护。在对其进行数字化项目的开发和管理时，需要明确其知识产权归属问题，以合同的形式确定商业开发的收益分配机制。

其次是注意保护商业秘密权。部分非物质文化遗产来源于传统社会中一些行业的谋生技能，在家族或行会中世代相传，即使在现代社会依然具有一定的经济价值。比较有代表性的就是重庆地区的传统饮食配方、手工技艺等。"只有极少数人或者少数地区的行业知晓，这使得这些信息虽不能满足专利的新颖性标准，但仍然能作为一种商业秘密或TRIPs协议第39条所指的'未公开信息'得到确认和保护"②。在数字化平台中，以商业秘密权作为非遗项目的管理要素，优势在于成本较低，可以通过知识产权转让的模式快速获取经济收益，同时其应用场景和范围更加广阔。

再次是著作权保护的模式。到目前为止，"世界上在著作权法或地区性

---

① 费安玲：《非物质文化遗产法律化护的基本思考》，载《江西社会科学》，2006年第5期第15页。

② 齐爱民：《非物质文化遗产的知识产权综合保护》，载《电子知识产权》，2007年第6期第20页。

著作权条约中明文规定保护民间文艺的国家已经超过40个"[1]。《保护非物质文化遗产公约》所规定的第一种非遗类型是口头传统,具体来说包括一些民族或地区长期口耳相传的神话、史诗、传说、谚语等,同时与承载这些艺术形式的濒危民族语言或地区方言有密切关系。第二种非遗类型是表演艺术,具体来说是指一些民族或地区特有的节日庆典、礼仪活动中的表演活动,通常是借助肢体语言、音乐、戏剧、木偶、歌舞等表现形式来完成的综合性艺术形式。著作权保护的模式主要针对这两种非遗类型,但"濒危民族语言或地区方言"除外。这些口头文学传统和表演艺术通常有明确的传承人(群体),通过保护传承人(群体)的权益可以间接保护某些民间艺术,如民歌、戏曲、舞蹈等。不仅如此,基于数字化项目管理平台,拥有著作权的非遗资源可以通过线上付费的方式被社会大众所消费和享用,有助于非遗项目的营收和传播。

第四要有效保护商标权。商标保护的种类适用于在数字项目开发中所有的非物质文化遗产,特别是中国少数民族地区的特殊标志和商标。品牌是推动商业服务业发展的基本要素。不同地区的工匠、技术人员和销售商及其附属团体(如合作社、行业协会等)提供的产品和服务可以通过不同的商品和服务品牌加以明确区分。我国许多乡村或少数民族地区的手工制品和艺术品可以直接注册商品商标,而很多类型的表演则可以通过注册服务商标,获得商标权的保护。这为非物质文化遗产的数字化项目开发通过便利和法律保障。

(二)行政保障

以行政的手段推动非物质文化遗产保护事业发展是国家层面提供的另一种保障机制。"行政保障机制的实施主体是各级人民政府及其职能部门,如文化、民政部门等,它们都是法律赋予的国家公共权力机构,它们代表人民行使各项权力"[2]。社会各方面都必须实施这些措施,否则将受到法律和行

---

[1] 朱祥贵:《非物质文化遗产知识产化的法律保护模式变迁评析》,载《贵州民族研究》,2010年第4期第11页。

[2] Chefif Khaznadar, "Traditional Knowledge and Intellectual Property", *Gardozo Journal of International and Comparative Law*, 2003 (02), PP85-94.

政制裁的惩罚。而社会团体、民间组织和非物质文化遗产传承人（群体）本身只能通过社会呼吁来保护非物质文化遗产的权益，最终仍然是由政府制定有效的政策来推进。可以说，非物质文化遗产是否能够更有效地受到行政措施的保障，是非物质文化遗产资源保护工作的关键。具体而言，行政保障有以下两方面的优势：

首先，行政保障机制具有广泛性。"行政保障机制的广泛性取决于行政的公共性和政府职能的广泛性"[①]。虽然社会团体和民间组织也可以保护非物质文化遗产的合法权益，但更多时候它们只能通过资金支持的方式部分解决非遗传承人（群体）的经济困境。而传承人（群体）作为非遗传承重要的参与主体，他们的精神和文化诉求只能反映到相关主管部门中，经由各部门商讨后才能制定合理的政策和措施来实施保护。

其次，行政保障机制具备灵活性。行政机关是针对社会事务的综合性管理部门，在工作的专业性方面不及立法机关的立法工作和司法机关的司法工作。因此，行政机关通常可以采取更灵活的手段来保护非物质文化遗产资源的权益。例如，行政机关为了保护非物质文化遗产资源，可以制定相应的行政标准和实施措施，也可以通过行政提案奖励措施等更灵活的制度来促进非遗的传承工作。本文所说的"行政保障"实际上不局限于行政手段，具有便利、快捷的特点。对于侵犯非物质文化遗产权益的行为，可以提出多种矫正方法，如协议和解、向行政机关申诉、向仲裁机关申请裁决、向法院提起诉讼等，但在上述解决措施中，提起行政申诉是最为直接的方法，没有繁杂的手续，执行效率较高，直接交易成本（时间、金钱、精力等成本要素）较低。在大多数情况下，行政申诉都可以视为非物质文化遗产保护的优先选择。

从建构非物质文化遗产数字化项目管理平台的角度出发，落实行政保障则需要从以下三个方面进行：

第一，充分发挥政府对非物质文化遗产保护的引导功能。非物质文化遗产数字化项目管理平台的建立，离不开政府的舆论引导和政策导向，运用多

---

① 谢庆奎：《中国地方政府体制概论》，北京：中国广播电视出版社1998版，第13页。

第五章　平台建设：非物质文化遗产数字化项目的管理机制

种行政手段将多元化的国内资本和外资投入到非物质文化遗产的保护中，为非物质文化遗产的保护和蓬勃发展营造讨论气氛和社会环境，提高社会全体对非物质文化遗产的保护和传承的认识。基于中国非物质文化遗传保护工作的现状及发展趋势，有必要使用行政手段推进文化管理体制的改革，依法管理文化事业单位，使非政府组织和中介机构的协调发展。非物质文化遗产的传承个人或群体，以及相关的政府工作部门要加快转变："一是文化部门由办文化为主向管文化为主转变；二是由文化部门独家办文化向全社会共同办文化的转变，实现文化体制由直向式向横向式转变；三是由按照行政隶属关系办文化向生产要素办文化转变；四是由多头管理向统一管理过渡，提高管理效能；五是文化企业单位由行政的附属物和生产车间向现代企业转变。"[①]简单来说，公益性和营收性的非遗保护机构应当实行不同的管理办法。公益性的非遗保护机构，需要政府选择有代表性或示范性的项目进行重点资助；营收性非遗保护机构，需要进行企业化改革，可引入股份制，创新经营模式和思路，自主经营、自负盈亏、依法纳税。对非盈利的非遗管理公益组织，既要进行有效地监管，明确非遗保护经费的使用去向，也要给予一定的自主性，使其能够结合非遗保护的实践情况灵活处理所面临的困境。

第二，完善各类非物质文化遗产专题发展规划。政府可以依据非遗的传承形势和自身发展需求，对文化产业的质量、结构、规模、效益等方面进行适度调控。同时结合不同地区的现实状况，提出针对不同类型非遗的专题发展规划，制定相应的行政规定或政策。基于我国的"十四五"发展规划，立足文化资源与文化市场，有针对性、有目标性的专项发展非物质文化遗产，使非遗保护事业与经济结构、产业布局的调整相协调，融入当代工业化、信息化的发展趋势。在非物质文化遗产数字化项目管理平台的建设过程中，要充分结合出版发行、影视音像、大众传媒、文化旅游等传统的文化产业，同时积极拓展网络服务、教育科普等新型经济增长点，引导非遗保护事业多元发展，这就离不开行政层面的保障机制。目前，国家已经提出了"成渝地区

---

① 叶南客：《创新文化产业政策》. 载《新华日报》，2002年8月22日。

双城经济圈"的发展理念，以成都、重庆为两个核心点，带动川渝地区的整体经济发展。而川渝地区拥有丰富的非物质文化遗产资源，依托这一优势，打造特色非遗文化产业，也是"成渝地区双城经济圈"发展理念的应有之义。

第三，切实保障非物质文化遗产传承人（群体）的利益。针对非遗保护出台的规章制度和行政举措，需要特别关注非遗传承人（群体）的利益诉求。这一方面是考虑到非遗传承人（群体）是非遗知识的直接承载者；另一方面是由于大部分非遗传承人（群体）生活于经济发展相对缓慢的地区，需要相应的政策倾斜和扶持。只有切实保障了非遗传承人（群体）的利益，才能使这些民间技艺和艺术形式代代相传，同时促进其与时俱进。因此，我们必须给予非遗传承人（群体）更宽松的政策环境，使其在现代社会环境下能够继续承担传承非遗的责任。鉴于中国经济发展水平的不平衡以及非遗传承人（群体）所处的生存状态，建议政府采取适当政策，树立相应的权益保护机制，借助非遗数字化项目管理平台的建设为该群体创造发展空间。首先是制定各级优秀继承人（群体）认定标准和名单，有针对性地开展非物质文化遗产传承主体的保护工作，多渠道筹集资金，切实加大经费投入，来保护继承人（群体），或定期给予非遗传承主体一定的物质补助，使其不再为生计发愁。其次，向非遗传承人（群体）提供一些培训资金，以调动他们的积极性，鼓励和支持非遗传承人（群体）开展教学、科普活动，并通过授予荣誉称号、物质奖励、提供优惠政策等方式来促进他们对非遗的传承，尝试通过学校和社会教育的形式来培养非遗传承人（群体），以实现传统民间工艺和技术的传递。第三，非物质文化遗产的传承人或群体面临着在知识产权和专利方面的权益侵害。目前很多非物质文化遗产传承人的特殊技艺和配方被部分商家故意模仿，导致非物质文化遗产传承人的利益出现损失。由于他们缺乏法律意识和对相关政策的理解，所以不能维护自己的权益。国家、社会和侵权人必须共同给予继承人适当的精神和经济补偿。这就要求政府不仅在法律层面不断完善对非遗知识产权的保护，还要以行政手段积极保障非遗传承人（群体）基本权益。最后，政府应当鼓励非遗传承人（群体）充分发挥主观能动性，对非物质文化遗产进行创新，在保留非遗传统精髓的基础上，为其注入时代的活力，促进其传承和发展；还可以鼓励创新意识、创新精神在非遗传承工作中的价值，对有创新贡献的非遗传承人（群体）给予物质和精神上的奖励。建立以经济利益为重点的非物质文化遗产保护体系，也会在社会上发挥示范作用，吸引更多的年轻人参与非物质文化遗产的学习和传承。

（三）资金保障

要实现对非物质文化遗产的保护与传承，借助数字技术打造新型非遗管理平台，必然需要建立稳定、合理、有效的资金的保障。通过总结我国已有非遗保护项目的经费来源和资助状况，可大致规划出以下五方面的资金保障机制的实施重点。

第一，申请中央投资的支持。一般来说，非物质文化遗产的管理主要依托于相关政府部门或文化事业单位，并非以追求经济收益为主，而是一个公益型社会组织，其资金的主要来源无疑是政府财政。《中华人民共和国非物质文化遗产法》第一章第六条对非遗保护经费做了明确说明："县级以上人民政府应当将非物质文化遗产保护、保存工作纳入本级国民经济和社会发展规划，并将保护、保存经费列入本级财政预算。"

这一政策充分体现了我国政府对于非物质文化遗产保护的重视，以及在资金方面的支持力度。但从世界范围来看，我国对于非物质文化遗产保护工作的财政投入仍然远远低于日本、法国等非遗保护高水平国家。与此同时，我国拥有非常丰富的非遗资源，各大门类的非遗项目数量均较多。中西部的少数民族聚居区域更是重要的非遗宝库，而当地落后的经济发展水平又造成了巨大的非遗保护经费缺口。目前，重庆市的非遗保护工作经费主要由中央投资、地方财政投入、社会团体、慈善机构、企业、个人等几个方面构成。但其中中央与地方的经费共同分担、相互配合才是非遗保护工作长效开展的关键。以国外经验为例："日本规定对传统建筑群保存地区的补助费用，国家及地方政府各承担50%，对《古都保存法》所确定的保存地区的保护，国家出资80%，地方政府负担20%；哥伦比亚为了扭转地方各级政府将文物保护的责任推给国家的观念，激发地方政府的积极性，其政府文化部下设有专门的文物保护机构——非遗司对文物保护资金的分摊采化了一些措施，主要是以合同的形式规定在古迹修复工程中地方政府和遗产司要共同分摊资金，前者出一小部分资金，后者承担大部分拨款，分摊比例最高达 1：96。"[1]这些是国外中央地方财政在非遗保护经费上相互配合的优秀经验。

第二，落实各级政府的专项资金。我国政府已经对地方的非物质文化遗产保护经费支持提出了明确的"五个纳入"要求，即"把非遗保护工作纳入重要议事日程，纳入经济社会发展总体规划，纳入财政支出预算，纳入全国发展规划，纳入精神文明建设考核指标"，将非物质文化遗产保护工作纳入地方政府的年度考核体系之中。打造地方政府非遗保护的目标责任制，将非遗保护工作定为考核地方领导干部政绩的内容之一，将非遗工作的重要性上升到经济工作的程度，对地方特有的非物质文化遗产进行定期地分析，做到保护工作跟踪督查。此外，还要建构对地方政府非遗资助的责任监督体系，切实保障非遗公共财政投入的有效性，明确相关的规章制度，通过立法来明确地方政府对非遗保护工作资金投入的金额与比例；省级行政部门还可以充分发挥大众媒体的舆论作用，定期对非遗保护"五纳入"工作先进予以表彰，树立非遗保护工作的典型。

第三，加大社会融资，拓宽资金渠道。近年来，中国经济腾飞为非遗保护的社会融资提供了可能。一方面，随着社会大众的物质生活水平不断改善，其社会责任意识有所提高，也有了更高的精神文化追求，开始出现一批有意愿支持非遗保护事业的公益人士。另一方面，随着中国经济规模总量的不断扩大，形成了一批具有雄厚实力的企业，它们既具备承担社会责任、助力文化发展的义务，也有相应的能力。这为非遗保护事业的社会融资发展创造了良好的基础条件。结合我国非遗文化保护的具体实践，可以尝试建立省、市级的"非遗保护基金会"，来接受国内个人、公司、企业的捐助，或针对某个非遗保护项目展开专项募捐活动；也可以通过入股的方式吸纳社会资本，

---

[1] 陈凌云：《建立健全我国文化遗产资金障机制》，载《江南论坛》，2003 年第 12 期第 40 页。

共同创办非遗数字化管理平台,在合理开发的前提下共享经济收益。从社会资金分配使用的角度来说,应当优先考虑非遗项目的濒危程度、非遗所在地区的经济水平等因素。例如,借鉴欧洲的非遗保护先进经验,依照非遗项目风险等级分配专项经费;同时,吸引社会资本进入非遗保护领域,以出让冠名权的方式调动个人或企业的积极性。

第四,拓展营收渠道,争取经济自主。目前,我国非遗保护、管理单位的主要营收渠道有门票、旅游、文创商品等。例如作为非遗保护单位的各级博物馆、展览馆,可以充分利用现有的场馆设施和藏品,借鉴国内外新颖的展览形式,举办满足特殊需要的专题陈列,创新服务方式吸引大众消费;同时提高工作人员和非遗传承人(群体)的专业素养,为社会提供咨询、科普、教学等高水平的专业性服务或付费的知识服务;基于非物质文化遗产设计带有地方特色的文创商品(如纪念章、钥匙链、冰箱贴、手工艺品等),或有代表性的文物的微型复制品,既能够起到宣扬非物质文化遗产的作用,还可以为非遗保护项目创造经济收益。关于自营收入的分配和用途问题,根据我国《中华人民共和国文物保护法》第十条款中明确规定:"国有博物馆、纪念馆、文物保护单位等的事业性收入,专口用于文物保护,任何单位或者个人不得侵占、挪用。"这保障了相关单位的自营收入能够全部投入非遗保护工作之中。在建构完善的非物质文化遗产管理平台体系后,非遗项目自身的创收能力会大幅度提高,可以通过出让版权、付费下载、为影视剧和游戏设计提供素材等方式获取收入,更进一步提升非遗保护工作的活力。

第五,寻求国际支持,主动吸引外资。虽然非物质文化遗产通常具有鲜明的民族和地域特征,但它仍然是属于全人类的文化瑰宝,保护非物质文化遗产是全世界的共同责任。也正是基于这一理念,联合国教科文组织成立了世界遗产基金会,对世界遗产名录上的项目提供一定的经费支持。尽管这笔经费的数目不大,但其运作程序较为简单,能够迅速地对急需保护的非遗项目提供支持。我国是拥有非遗项目较多的国家,也同样需要积极寻求国际资金的帮助。目前,在一些发达国家和地区,已经成立了专门资助中国非遗项目的基金会，例如加拿大的保护中国文物基金会、中国香港的中国文物基金会等。这些国际组织均为中国的非遗保护事业提供巨大的帮助。"我国有些文物单位已经意识到利用外资的可行性和重要性，并进行了具体实践尝试，故宫博物院就是一例。目前，故宫博物院正在利用香港中国文物基金会的捐款进行故宫建福宫花园的修复工作；并已与日本凸版印刷株式会社正式签约，由日方出资建造故宫文化资产数字化研究所。"[1]这给我国未来非物质文化遗产保护提供了新的视野，相关工作人员应当转变思维，吸收外部资本，拓展非遗保护资金的来源渠道。

（四）传承保障

首先，以政府为主导，打造非物质文化遗产数字化项目管理的长效机制。虽然非遗保护需要多元社会力量的参与，但在当前的社会经济和文化背景下，政府依然是最具行动力的参与主体，能够调配各种社会资源实现对非遗的长效传承和开发。因此，在国家宏观的文化政策指导下，地方政府的相关部门需要积极建设非物质文化遗产保护体系，设置多层级的非遗项目认定管理机制，加强对非遗传承人或传承机构的经济资助和政策倾斜。另外，积极开展非物质文化遗产保护教育工作，激活高等院校、科研机构的能动性，开设面向学生及社会大众非遗科普课程，传承中华优秀传统文化，建设支教体系，提升地区民众非遗认知水平。这也符合联合国《保护非物质文化遗产公约》中关于保护与传承的精神。就重庆地区而言，依托文化和旅游发展委员会，联合重庆大学、西南大学等重点高校及重庆文化艺术研究院、重庆文化遗产研究等科研机构，全面普查重庆地区的非物质文化遗产资源，借助新型数字技术统一进行转化，进而应用于文化创意产业、特色旅游产业等经济场景，是未来非遗传承保护的重要发展路径。从本质上来说，传承非物质文化遗产就是对中华民族传统文化的延续，构建正确的民族文化认同是实现民族文化自信的基础。因此，在全国范围推进非物质文化遗产保护事业具有十分重要的价值和意义。

---

[1] 任思蕴：《建立有效的文化遗产保护资金保障机制》，载《文物世界》，2007年第3期第69页。

| 第五章　平台建设：非物质文化遗产数字化项目的管理机制 |

其次，加强社会参与，提高非物质文化遗产的培训力度。从实际情况来看，中国的非物质文化遗产保护面临着人才稀缺的重大困境，规范化管理程度较低。通过对西方国家非遗保护工作经验的总结，我们应当注重提高非遗管理人员的专业素养，形成政府机构、研究机构、咨询机关、专业技工和社会群众的合作参与，任何一类参与主体都需要具备一定的专业水平和文化素养。与之相比，我国非遗保护的参与主体的平均素质还处于较低水平，管理水准参差不齐。因此，要保障非物质文化遗产数字化项目管理平台建设的顺利开展，需要抓好业务骨干和工作队伍的培训工作。一方面，按照分级负责的原则组织培训工作，逐步建立"国家—省市—区县"的非物质文化遗产保护工作人才培训体系。培训方式可采用集中授课、网络教育、委托高等院校或研究机构组织专项讲座等；培训内容可以涉及国际国内的相关法律法规、非遗保护工作的基本方法及步骤，非遗开发的基本条件和业务规范等；培训对象应当覆盖政府文化管理部门的工作人员、文化事业单位的工作人员、中小学教师、非遗传承人及非遗所在地的普通群众等；此外，还需提升培训工作的专业度和规范性，编写符合时代前沿发展趋势的培训教材。同时，还需要尽快在学校教育中普及非遗传承的相关课程，让非遗保护观念扎根于青少年群体之中，为非遗管理和开发储备后继人才。而在高等院校层面，可以借助《中国民间文化概论》《中国传统文化研究》等通识教育选修课提升当代大学生对非物质文化遗产的认知程度，普及非物质文化遗产保护意识，吸引不同学科的高层次人才加入非物质文化遗产的开发和利用工作；还需要加快非物质文化遗产保护的相关专业建设，加强高校教师和硕士、博士研究生的非物质文化遗产研究工作，从传承、保护、开发、管理、科研等角度培育新型人才。

最后，扩大社会宣传，提升非物质文化遗产的社会影响。一方面，借助大众媒体和新媒体技术广泛宣传非物质文化遗产，为社会大众提供更多的非遗科普服务。例如，重庆三峡博物馆的微信公众平台"重庆中国三峡博物馆"既是集中宣传馆内藏品与活动的有效阵地，也是为游客提供便民语音服务的新媒体平台；既是外界了解馆内展览预告的服务窗口，又是与游览者进行有效互动沟通的便捷桥梁。再如重庆美术馆也开通了官方微信公众号"重庆美术馆",设置了展览预告、美术课堂现场播报、展览回顾等栏目,既是在进行美术作品的传播,又是在进行展览活动的信息公开服务。通过官方微信公众号这个小窗口,勾连起来了市民、游客与展馆方。我们也期待我们的文学艺术未来将开通更多的平台窗口,将优秀的文学艺术内容推送到更多的年轻一代的视野中。另一方面,提高非遗传承人(群体)的社会影响力,同时鼓励他们承担更多的社会责任。例如,可以仿效韩国、日本授予优秀的非遗传承人或团体"人间国宝"的政策,认定一批热心非遗传承保护的民间工匠或艺人,给予特殊津贴,并大力宣传。同时,引导他们开展传艺、讲学等社会工作,地方政府建设相应的场馆供非遗展示和传承人展演使用,鼓励他们有偿地将所掌握的技艺或知识转化为数字资源供商业开发使用。

第六章　意义传用：非物质文化遗产数字化项目的社会价值

非物质文化遗产的数字化是随着技术进步而产生和发展的，通过数字化手段记录、保存和传播非物质文化遗产的重要性不言而喻。数字化对非物质文化遗产保护和传播具有重大意义，在数字化的大潮中，我们将在本章结合重庆非遗资源开发的具体案例，从地方性文化传承、非遗普及教育、公益性数字展示、创意性产业转化等四个方面阐明非遗数据库的社会价值。

第一节　地方性文化传承

非物质文化遗产是各族人民世代相传承的、与群众生活密切相关的各种传统文化的表现形式，也是文化多样性的最重要的一种载体。非物质文化遗产的主要"构成因素"表现为非物质文化遗产的"自我认同"，这也是作为其创造者和承载者文化身份的基本要素。国际社会也意识到非物质文化遗产需要并应得到国际保护，因此联合国教科文组织在2003年通过了《保护非物质文化遗产公约》。在公约中，非物质文化遗产是指来自一个文化社区的所有创作。这些创作基于传统文化，由一个群体或一些个人表达，并被认为是符合社区期望的作为其文化和社会特性的表达形式，其规范和价值是可以通过模仿或其他方式口头传播，包括各类民族传统和民间知识、各种语言、口头文学、风俗习惯、民族民间音乐、舞蹈、礼仪、手工艺、传统医药、建筑等艺术[1]。

为了继承和弘扬中华民族优秀传统文化，推进社会主义精神文明建设，加强非物质文化遗产的保护，《中华人民共和国非物质文化遗产法》于2011年2月25日第十一届全国人民代表大会常务委员会第十九次会议通过并公布，自2011年6月1日起施行。该法的颁布对非物质文化遗产的保护、传承和传播起到了决定性作用，增强了中华民族的文化认同感，维护了民族团结和民族团结，促进了社会和谐与可持续发展。

截至2021年6月，重庆市共有国家级非遗项目53项，包括民间文学类3项，传统音乐类14项，传统舞蹈类4项，传统戏剧类3项，曲艺类6项，传统体育、游艺与杂技类1项，传统美术类7项，传统技艺类7项，传统医药类4项，民俗类4项。还有市级非遗项目707项，区县级非遗项目3428项。

川江号子被批准列入第一批国家级非物质文化遗产名录，它是川渝川江流域船夫们为统一动作和节奏，以号手为首，众船夫为辅的传统民间和声演唱形式。川东和重庆是川江号子的主要发源地和传承地。

据历史记载，川江号子有26种词牌，100多首唱词，极为丰富多彩。多种"数板"的唱词，往往是由号子头（领唱号子的船工）即兴编唱，号子头根据其嗓音，分为洪亮粗犷浑厚的"大筒筒"、高亢清脆的"边音"等不同流派。根据船所行水势的缓急，号子头所唱号子的名称和腔调皆有所不同，时而舒缓悠扬，时而紧促高昂，时而雄壮浑厚，大气磅礴，震撼人心。千百年来，这些号子流传下来，形成一种历史悠远的传统，所以川江号子又有"长江文化的活化石"之称[2]。

---

[1] 联合国教科文组织《保护非物质文化遗产公约》，https://www.un.org/zh/documents/treaty/files/ich.shtml，访问时间：2003年10月。

[2] 李璐伶：《试论川江号子的音乐特色》，载《西华师范大学学报（哲学社会科学版）》，2007年第3期第104-105页。

川江号子的历史价值：川江号子歌词的内容也非常丰富，它往往以沿江的地名、产品、历史和人文为创作主题，具有丰富的知识点。例如，"川江两岸有名堂"。

川江号子的传承价值：随着道路交通和水上交通工具的升级和普及，人工动力船舶只能在主要的河湾和支流中作业。川江号子生存和发展的基础开始动摇。此外，用工量逐渐减少，年轻人加入号子序列的人越来越少，导致传承断裂，川江号子正面临濒临灭绝的困境。抢救和保护川江号子非物质文化遗产，将对丰富和发展我国乃至世界水系音乐文化起到积极的作用。

《印象·武隆》是张艺谋、王潮歌和樊跃自刘三姐、丽江、西湖、海南岛、大红袍后的又一部印象演出。张艺谋印象系列川江号子《印象·武隆》是由100多位特色演员现场演出，以消失的"川江号子"为主要内容。在70多分钟的表演中，观众可以亲身体验巴蜀自然遗产的壮丽自然景观和独特的地方风情。一群年轻的80、90后，却把那个时代的号子手的工作演绎得淋漓尽致。这也是张艺谋导演对巴渝文化历史的独特记忆。他通过"川江号子"反思和号召现代年轻人理解传统文化，展现巴渝文化的风土人情，以及与消失的声音艺术形式、巴渝人的生活方式、现代文明与传统文化的碰撞，并继承铿锵的"力量"和"勤劳"的传统文化。

依托数字信息技术，通过数字化项目优化非物质文化遗产传播渠道。特别是近年来，随着虚拟现实、增强现实、混合现实等虚拟图像技术的发展，并逐渐应用于社会生活，非物质文化遗产传承渠道的更新与升级不容忽视。

第二节　非物质文化遗产普及教育

一、非遗知识普及教育

在非物质文化遗产保护领域，数字保护是属于"信息保护"范畴，这被认为是一个新兴的范畴。这种保护是基于"记录"的生产制作，可以让观众有一种虚拟的体验。对于图书、文献、档案来说，在某种程度上，信息保存的实现是保护的核心，而对于文化遗产来说，保护的核心是对遗产本体的保护。保存资料主要是为了让游客在体验文物内容的同时，避免任何损坏的风险。然而，信息保存对于非物质文化遗产保护有其局限性。事实上，信息保存不会对保护对象起到直接作用。同样，数字保护也不能直接维持非物质文化遗产的生命力，尽管生成的数字资源可能会发挥巨大的价值。传播是实现非物质文化遗产数字资源保护价值的核心，在非物质文化遗产的数字传播中，年轻人更容易用视听语言、多感官语言和互动语言来描述和解读非物质文化遗产。

根据中国互联网络信息中心（CNNIC）发布第 48 次《中国互联网络发展状况统计报告》，截至 2021 年 6 月，我国网民规模达 10.11 亿，年轻网民占网民总数的 71.9%，他们是通过互联网渠道进行非物质文化遗产传播的主要目标群体[1]。

二、劳动教育

教育部 2020 年发布的《中小学劳动教育指导纲要（试行）》明确指出，劳动教育是新时期党对教育的新要求，是中国特色社会主义制度的重要组成部分，是教育体系全面发展的重要组成部分，是中小学必须开展的教育活动。可见，初中实施劳动教育既是综合实践课程的要求，更是新课改的要求，学校必须高度重视劳动教育。然而传统的劳动教育对学生、学校要求较高，一般难以实施，加上人们对劳动教育的认识往往比较片面，这导致劳动教育并未系统化和规范化，劳动教育的价值难以体现。因此，新时代劳动教育必须寻求新的发展，改变现有传统的劳动教育教学迫在眉睫。

非物质文化遗产是中国的瑰宝，它以各种非物质形式存在，与人们的生活密切相关，是一种无形的传统文化。它是全人类智慧的化身。非物质文化

---

[1] 中国互联网络信息中心：第 48 次《中国互联网络发展状况统计报告》，2021 年 9 月。

遗产具有独特的教育价值。它蕴含着传统文化的根基，保留着民族文化的原始状态。非物质文化遗产不仅是古代民族生活记忆的延续，也是一个民族生存精神、生存智慧和活文化的认知过程。非物质文化遗产的传承也是一个民族文化融合升华的过程。非物质文化遗产与劳动课程相结合，既是非物质文化遗产的最佳传承，也是培养学生核心素养的途径，还是新时期劳动教育的要求。

2019年重庆市"科技活动周"在重庆园博园开幕。在大足石刻文物保护体验展厅里，工作人员现场为石刻"诊疗"，向公众科普和揭示石刻造像的治疗过程和技术。在非遗人文板块则有夏布制作体验、石质文物保护修复体验、拓片与制陶等传统文化体验活动。非遗进校园让传统文化"活"起来。重庆市渝中区人民小学将川江号子、巴渝木偶、剪纸艺术、巴将军故事四项"非遗"引进学校，打造非遗大讲堂，把川江号子唱上了央视《我要上春晚》。

重庆市文化和旅游研究院院长、重庆市非物质文化遗产保护中心主任刘德奉在《心中的歌》（重庆非遗丛书·民间文学卷）中说到，重庆市数字化保护工作初见成效，重庆市非物质文化遗产保护中心积极参与国家非遗中心组织的第二批非遗数字化保护试点工作，重庆漆器髹饰技艺、走马镇民间故事两个试点项目目前基本完成资源采集、上报工作。同时，重庆市非物质文化遗产保护中心积极推动市级非遗数据库建设，并就其中的相关专业问题为各区县提供指导[①]。

三、美育教育

美育，又称美感教育，即通过培养人们认识美、体验美、感受美、欣赏美和创造美的能力，从而使我们具有美的理想、美的情操、美的品格和美的素养。2020年10月16日，在教育部新闻发布会上，教育部体育、卫生和艺术教育司司长王登峰说到，未来的美育教育应该是教给学生美育的基

---

① 刘德奉：《心中的歌》，重庆：西南师范大学出版社2017年版，第8页。

本知识，教他们欣赏和体验美，欣赏和体验艺术作品，教他们专项的艺术专长。

非物质文化遗产的文化美是丰富多彩的。无论是民间文学、传统音乐、传统舞蹈、传统戏剧、传统艺术、传统技艺等，都是底子里面渗透出中华民族对美的向往与追求。非物质文化遗产之美是民族之美、文化自信之美、最高级别的"美"。发掘非物质文化遗产之美，不仅是欣赏无限风光，也是对"中国意象"的深入探索。每个人都可以发现和感受曾见证历史的百年老店、隐藏在大街小巷中的民间艺术，以及经时间磨砺的工匠精神。身边的非物质文化遗产传承人坚守初心，崇尚独创之美。这些都是值得年轻人欣赏和学习的东西。更需要的是，一批年轻艺术家需要继承老一辈的非物质文化遗产，成为守护者、创新者和推动者。

传承非遗大美，就是传承中华民族宝贵的精神财富，需要一代又一代地传承、守护与创新。高等院校也应该为非物质文化遗产的传承贡献一些力量，通过非遗成果的活化优化与学校美育的启蒙浸润工作有机结合起来，真正实现以美育人，以文化育人的教育目标。

将非物质文化遗产项目引入课堂：重庆第二师范学院作为非物质文化遗产项目的保护单位，将非物质文化遗产技能与"养生五禽戏指导法"（如图6-1所示）的传承、研究和保护相结合，将优秀的中国传统文化引入课堂，激发学生的学习兴趣，全面培养学生的综合素质，丰富和拓宽学院的教学资源。同时，随着数字技术的广泛应用，学院还通过漫画、视频等形式探索各种形式的趣味教学，使非物质文化遗产研究更加生动有趣。目前，学校的公共体育选修课、体育教育专业课和"国家和市级培训"课程中都开设了"民族传统体育养生"课程，传授和继承了非物质文化遗产"养生五禽戏指导法"[1]。

---

[1] 李科：《多措并举推动非物质文化遗产传承保护》，载《中国教育报》，2021年06月24日，第8版。

| 第六章　意义传用：非物质文化遗产数字化项目的社会价值 |

图6-1　墨西哥国际中医武术养生大会上"养生五禽戏导引法"观众互动

资料来源：重庆第二师范学院《教师教育学院李科老师在墨西哥传播中华非遗中医武术养生健康疗法》，https://www.cque.edu.cn/info/1033/10364.htm。

四、爱国主义教育

非物质文化遗产是民族记忆的背影，是历史文化的"活化石"，更是中华民族文明与智慧的结晶，古老的传说、歌舞、曲艺、剪纸、雕刻、民俗礼仪等都蕴含着中华民族宝贵的文化"基因"，与人们的生活息息相关。通过非物质文化遗产教育，可以让人们尤其是青少年认识到我们中华民族五千年的文化。

"文明特别是思想文化是一个国家、一个民族的灵魂。无论哪一个国家、哪一个民族，如果不珍惜自己的思想文化，丢掉了思想文化这个灵魂，这个国家、这个民族是立不起来的[①]。"2019年8月19日，习近平总书记在敦煌研究院座谈时的讲话中谈道："中华文明5000多年绵延不断、经久不衰，在长期演进过程中，形成了中国人看待世界、看待社会、看待人生的独特价

---

① 《习近平在纪念孔子诞辰2565周年国际学术研讨会暨国际儒学联合会第五届会员大会开幕会上的讲话》，人民网：http://cpc.people.com.cn/n/2014/0925/c64094-25729647.html（访问时间：2021年12月。）

值体系、文化内涵和精神品质，这是我们区别于其他国家和民族的根本特征，也铸就了中华民族博采众长的文化自信。"青年兴则国家兴，青年强则国家强，青少年是增强文化自信、建设美丽中国的中坚力量。弘扬中华优秀传统文化，顺应当代发展潮流，积极融入国际社会，真正引导青少年树立文化自信，让青少年引领国家乃至世界潮流。

近年来，重庆市以传承和保护非物质文化遗产为重点，将非物质文化遗产纳入国家教育体系，依托校园文化活动开展了丰富多彩的"非物质文化遗产进校园"活动。其中，重庆市合川区文化旅游委员会加强了与合川区教委的合作，围绕道德建设和育人目标，全面把中华优秀传统文化融入教育，把非物质文化遗产引入中小学，丰富和拓展校园文化。一些中学充分挖掘具有地方特色的非物质文化遗产资源，将合川峡砚的传统制作技艺引入校园，开展非物质文化遗产传承活动。通过非物质文化遗产现场教学，弘扬传统技艺，陶冶青年爱国爱乡的高尚情怀，增强青年的文化自豪感和自信心。

第三节　公益性数字化展示

重庆市宣传展示非遗数字化工作广泛开展，2016年重庆市非物质文化遗产保护中心先后组织全市非物质文化遗产项目，参加第四届中国非物质文化遗产博览会、首届中国（重庆）老字号非物质文化遗产博览会等大型宣传推广活动，同时也推动了重庆电视台科教频道播出的非物质文化遗产专题纪录片《巴渝寻宝》的录制、点播，全年共拍摄和播出了104集。并且对44个国家级非物质文化遗产项目的专题纪录片进行了提炼，命名为《巴渝国宝》，并以音像制品的形式公开发行了1.3万套，免费发放给所有公立中小学，全市职业技术学校以及公益性文化单位。

虚拟现实技术是20世纪发展起来的一种新型实用技术。虚拟现实技术包括计算机技术、电子信息技术和仿真技术。虚拟现实技术基本实现方式是计算机模拟虚拟环境，从而给人一种环境沉浸感。随着社会生产力和科学技术的不断发展,各行各业对虚拟现实技术的需求越来越强烈。它还被广泛应用于非物质文化遗产的展示过程,极大地拓展了非物质文化遗产的表现形式,对非物质文化遗产的保护起到了很大的作用。它为公众进一步了解和理解非物质文化遗产提供了新的途径,用户无须出门就能感受到非物质文化遗产的魅力,感受到中国文化的广度和深度。

虚拟现实技术应用在非物质文化遗产中,其主要功能是在博物馆或在公益性网站实现非物质文化遗产的数字化展现。非物质文化遗产的数字化再现,不仅仅是以数字化媒体的形式对其涉及的建筑、仪式空间、陈设、制作过程、方式等方面信息数据进行采集、处理、存储和发布,为公众提供数字化的展示、研究等各项服务,并且摆脱了传统意义上的时间与空间的限制,使非遗项目展示数据存储数字化、传播网络化、资源共享化、视觉沉浸化、展示交互化等特点。

当图片、音频、视频等全不再满足游客和观众们的需求时,全息投影技术成为非物质文化遗产新的展示技术。在大多数的博物馆、科技馆中出现3D全息投影全系投影技术作品,吸引众人的眼光,以另外一种方式向世人展示非物质文化遗产的辉煌与匠心。通过全息投影与智能交互打造沉浸式体验,紧紧吸引参观者的好奇心,有如回到过去的时代,感受人文风情;抑或置身于沧桑年月,细看历史印记。例如位于广州市永庆坊的李小龙故居,便融合了现代科技手段、3D全息投影技术和沉浸式体验,提升了游客的感官体验,在"武术天才"展厅以动态3D全息投影,从各个角度展示了李小龙的功夫动作。

第四节 创意性产业转化

一、文化创意产业

提到文化创意产业,各国对其概念及其发展都有研究,但却没有提出统一的结论。最早提出其概念的是英国学者,在20世纪90年代将文化创意产业定义为:那些源自个人创意、技巧及才华,通过对知识产权的开发和利用,具有创造财富和就业潜力的行业[①]。与"文化产业"相比,"文化创意产业"不仅扩大了产业范围,更注重政策引导下产业转型的附加值,直接将文化部门转化为文化产业。

近年来,重庆文化产业发展迅速。文化产业增加值从五年前的146亿元增加到去年的460亿元,年均增长约20%,高于同期GDP增速。重庆文化产业的发展逐渐形成了自己的优势和特色,綦江农民版画、铜梁龙舞、秀山花灯、万州竹琴、大足石雕、梁平三绝、荣昌折扇夏布、城口漆器都是优秀代表。重庆拥有丰富的文化资源和遗产,有自己的文化特色产业,有着悠久的历史传统,如朝天门码头文化、磁器口码头文化等,与非物质文化遗产川江号子密不可分。重庆蜀绣在三国时期很有名,被认为是一件珍品。文化创意产业在区域经济发展中具有巨大潜力,并在区域发展中发挥作用,除了对经济发展的巨大作用外,还包括美化和激活区域环境、提供就业、吸引居民和观光、提高房地产价值、吸引高端人才,文化创意产业与其他产业相结合,可以提高产品附加值,提升产品利润,提升区域竞争力。

成渝双城经济圈是西部人口最密集、产业最集中、城市密度最高的地区。近年来,随着"一带一路"建设不断推进,中国和欧洲之间的铁路贸易一直很频繁。原本位于内陆的成渝双城经济圈已成为对外开放的前沿。荣昌县位于重庆西部和成渝经济区的中心地带,也迎来了巨大的发展机遇。荣昌区位于成渝双城经济圈,是重庆西部的门户,其拥有三处国家级非物质文化遗产:安陶、夏布和折扇。荣昌市非物质文化遗产名录中有120多个项目,荣昌非物质文化产业的发展经历了曲折。如今,以"一片陶、一匹布、一把扇"为代表的非物质文化产业已成为荣昌发展的重要支撑。近年来,荣昌区提出要以国家级非物质文化遗产为依托,大力发展特色传统文化产业,大力实施文

---

① Creative Nation:Commonwealth Cultural Policy,Oct.,1994. https://catalogue.nla.gov.au/Record/1948332.

化强区战略，把非物质文化遗产文化与特色小镇结合起来，建设打造陶文化创意产业园、安陶小镇、夏布小镇、夏布文化展示平台，使非物质文化遗产真正得以生存和传承。

二、文化创意产品转化

近些年，文化创意产品同质化严重，产品类型、层次结构单一。如何将地域文化特色元素融入文化创意产品，创造具有非物质文化遗产元素的文化创意产品，更好地传播非物质文化遗产，让更多人加入非物质文化遗产保护的队伍中来？这也就是如何将文化创意产品进行转化的问题。非物质文化遗产技艺、非物质文化产品，要被当代的年轻人接受，传承，这就需要与时俱进，既要守正，又要出奇。要把非物质文化遗产资源转换成文化创意产品，需要文化创意理念与非遗传承人的技能结合，才能变成现代产业的产品，用于销售，然后反哺非物质文化遗产传承人。

推动传统文化的现代表达，优秀的文创产品让历史变得时尚，让文化变得可亲。但是行业内一致认为文创产品"难在转化"——优秀的创意成果如何转化落地？如何在非物质文化遗产保护中融入更多创新元素，进一步释放非物质文化遗产巨大的产业价值也是一个重要课题。

IP（Intellectual Property）也就是知识产权，伴随着新媒体的崛起，文化IP已经成为一种文化产品之间的连接融合，有着高辨识度、自带流量、强变现穿透能力、长变现周期的文化符号[1]。我国丰富的传统历史文化是目前最大的文化产业IP资源库。事实上，许多传统历史文化深受大众喜爱。近年来，越来越多的具有古典文学性和历史题材的游戏、动画和影视作品出现，成为最具文化身份和价值的文化IP。非物质文化遗产也具有巨大的开发价值，这一领域将产生大众化的文化和创意产品，需要文化社区的粉丝加以放大和传播。以互联网为载体，将使更多的消费者发现这些传统文化的魅力，扩大文

---

[1] 吴映月：《为城市而设计——南京的文化创意产品设计》，载《艺术生活-福州大学学报（艺术版）》2019年第6期，第62-67页。

化知识产权的价值。

目前，几乎所有的文化创意产品都在利用知识产权来延长其衍生系列文化创意产品的生命周期，所有的文化创意都有知识产权。这种情况与自媒体的快速发展密不可分，每个人都在跟自媒体讲故事，有网络剧的知识产权，畅销书的知识产权，网络红人的知识产权，等等，另外还包括博物馆的知识产权，最著名的是故宫猫，它在2016年中国旅游商品大赛中获得金牌。设计师以紫禁城猫为IP原形，设计出一系列智慧可爱的文化创意产品。穿着皇帝服饰或朝廷护卫服和可爱眼睛的故宫猫的形象广泛应用于枕头、杯子、手机壳、冰箱贴纸等日常用品中，也扩展到其他行业，如电影、儿童绘本等。

目前中国的非遗文创产业还属于发展的最初阶段，从IP的打造、创意设计、销售渠道等方面还是有较大的提升空间。需要做的是让更多大众、消费者了解非遗，了解传统技艺，进而感受到非遗的艺术魅力，这样才能更好地促进非遗文化创意产品的有序发展。

三、非遗助力乡村振兴

文化振兴是乡村振兴的重要内容之一，中共中央、国务院印发的《乡村振兴战略规划（2018—2022年）》文件中指出，要繁荣发展乡村文化，同时强调要"立足乡村文明，吸取城市文明及外来文化优秀成果，在保护传承的基础上，创造性转化、创新性发展，不断赋予时代内涵、丰富表现形式，为增强文化自信提供优质载体"[①]。

在迎来中国共产党成立100周年的重要时刻，我国脱贫攻坚战也取得了全面胜利，在现行标准下9800多万农村贫困人口全部脱贫。在乡村振兴的背景下，要将非物质文化遗产与文创旅游融合发展，这需要挖掘非物质文化遗产资源潜力，合理配置当地资源，建立新型文化创意旅游产业体系。

---

① 中共中央、国务院：《乡村振兴战略规划（2018－2022年）》，http://www.moa.gov.cn/ztzl/xczx/xczxzlgh/，（访问时间：2022年03月22日）。

乡村振兴，不是千篇一律的统一规范，而要走因地制宜、因村施策的个性化、特色化发展道路。"非遗＋文创"、"非遗＋乡村振兴"、"非遗＋教育"、"非遗＋旅游"等模式是集文化创意、文化教育、乡村旅游和乡村振兴为一体的新模式，主要以非物质文化遗产的传统手工劳作技艺、民族习俗与地域文化大力发展产业，乡村振兴，产业是支撑。在发展乡村振兴的过程中，需要发挥好非遗传承人的技能带领作用，以"非遗＋旅游"、"非遗＋产品"等多元的经营模式，提升乡村振兴的产业效果。

非物质文化遗产是乡村物质生产、精神生活的重要内容，更是未来乡村振兴的资源宝库。面对当前正在推进乡村振兴，需要更多的年轻人回归，通过扩大非物质文化遗产的推广力度，增强非物质文化遗产的吸引力。让非物质文化遗产精湛的技艺、美术、技巧、绝活等，更好地为本地产业、经济服务，让更多的大众看见非遗、了解非遗、爱上非遗。鼓励非遗传承人对传统技艺的创新，推出适合时代、适合年轻人的"潮"文化产品。

四、非遗数字化资源开发

运用并依托新媒体、新技术和新载体，推动非遗文化与现实社会的融合，实现中华优秀传统文化在非遗保护中焕发新气象，随着大数据、虚拟现实等信息化技术广泛渗透到当前社会的各个领域，非物质文化遗产也需要抓住机遇，实现与数字化技术的有机融合，实现非物质文化遗产的数字化开发，进而实现非遗的传承、保护和发展。尤其是随着移动互联网技术日趋成熟，虚拟现实技术也运用到移动端，用户只需通过手机扫描二维码就可以直接获取到传统技艺的"前世今生"。数字信息技术在非遗信息收集、存储、挖掘或者是整合分析等方面具有绝对的优势，通过大数据技术来处理开发非遗资源都是一种更为有效与便捷的手段与工具，因为大数据与信息技术在非遗信息的采集、存储乃至传播都较为迅速、有效。

非物质文化遗产数字化资源开发需要充分由各级政府部门、非遗传承人、企业、学者以及公众来参与，共同打造非物质文化遗产数字馆，加快非遗数字化资源开发进程，丰富非遗数据库建设，让人们能够随时了解到非物质文化遗产。

第五节 国家文化软实力展现

提高国家文化软实力，就要努力展示中华文化独特魅力。在中国5000多年文明发展进程中，中华民族创造了博大精深的灿烂文化，要使中华民族最基本的文化基因与当代文化相适应、与现代社会相协调，以人们喜闻乐见、具有广泛参与性的方式推广开来，把跨越时空、超越国度、富有永恒魅力、具有当代价值的文化精神弘扬起来，把继承传统优秀文化又弘扬时代精神、立足本国又面向世界的当代中国文化创新成果传播出去[①]。

软实力（Soft Power）是哈佛大学的约瑟夫·奈[②]自20世纪80年代提出的一个概念，"作为在世界政治中取得成功的手段"。它描述了一个国家在没有武力或胁迫的情况下说服他人做它想做的事情的能力；它的三个主要资源包括文化、政治价值观和外交政策。约瑟夫·奈认为，中国最强大的软实力应该在传统文化层面。他指出，孔子和老子等中国哲学家的思想非常鼓舞人心。目前，全世界有400所孔子学院在教授中国语言和传播中国文化，这是体现中国软实力的一个非常成功的例子。然而，目前中国还没有充分发挥人民的力量，还应该给中国人民更多的机会在国际舞台上展示中国，让中国文化在世界上有更大的影响力。

截至2021年，中国拥有42项世界级非物质文化遗产，数量居世界第一。在中国，有数以千计的国家级、省市级非物质文化遗产。伴随着中国经济的快速发展和国际地位的提升，世界对这结果背后的力量感到惊奇。作为凝聚着中国人智慧和创造精神的非物质文化遗产自然成为国际媒体分析的对象，

[①] 2013年12月30日，习近平在中共中央政治局第十二次集体学习时发表重要讲话

[②] 约瑟夫·奈（Joseph Nye），美国哈佛大学肯尼迪政治学院院长，他在上世纪80年代首次提出"软实力"的概念，他认为软实力主要是指文化、价值观、意识形态以及民意等方面的影响力。

| 第六章　意义传用：非物质文化遗产数字化项目的社会价值 |

所以我们要用好宣传利器，电视、互联网、新媒体等传统与新型媒体结合，实现全覆盖宣传普及非遗活态传承与保护，在"润物细无声"中激发人们对非遗的热情和兴趣，增强文化认同感和民族自豪感。例如，利用央视综艺频道《国家宝藏》（如图6-2所示）等类似文博探索类节目，以及组织各种文化娱乐表演活动，以舞台展示的形式展示非物质文化遗产的活力，使其成为人们生活的重要组成部分。

图6-2　彩绘散乐浮雕[①]

资料来源：央视文艺，"彩绘散乐浮雕"《国家宝藏》。

申遗是把文化遗产项目传播出去，申请加入世界遗产的行为，这也是从地方走向国际最简单、最快速有效的方法，可以给地方带来巨大的经济效益，文化软实力也代表着经济硬实力。文化兴则国运兴，文化强则民族强。随着我国的国际社会地位不断提升，中国文化正迎来繁荣发展。一方面，要加强文化的传承和保护，加强优秀传统文化的挖掘，让年轻一代了解中国五千年的文化基因，把跨越时空、超越国界、富有永恒魅力、具有当代价值的文化精神弘扬起来。另一方面，我们要坚持与世界上不同国家、不同民族、不同

---

① 资料来源：央视文艺，"彩绘散乐浮雕"《国家宝藏》

文化的交流互鉴，借鉴其他文明的优秀成果，弘扬具有当代精神文明魅力的文化，增强民族文化软实力，把中华文化推向世界，让中华文化在人类文明的繁星漫天中继续闪耀。

后　记

本书系重庆市曲艺团委托课题"非遗数字艺术项目开发与非遗数据库建设"（合同编号：2021010045）、重庆第二师范学院校级重点学科"新闻与传播"、重庆第二师范学院第三批校级科研平台"融媒体传播与社会发展研究中心"（平台编号：2021XJPT01）阶段性研究成果。

非物质文化遗产是中华传统文化的瑰宝，对延续历史文脉、建设社会主义文化强国具有重要意义，需要全体中国人共同守护。本书围绕"非物质文化遗产"和"数字技术"两个关键词展开，在带领读者感受重庆非遗魅力的同时，也引导读者思考数字化时代非遗保护、开发、管理的发展路径，激发读者对于非遗传承的关注和参与。总体来说具有以下编写特点：

第一，理论性与实践性相结合，既从学理性的视角阐明了非遗传承的现实价值、剖析非遗保护的具体机制、建构非遗项目管理的结构模型；也从实际工作的视角出发，考查了传统非遗保护中的得与失，展望了数字技术可能给非遗传承、开发带来的新机遇。

第二，兼顾国际视野与地域特色，一方面对国内外非遗保护实践进行系统分析，总结其中的经验和教训；另一方面紧密结合重庆地区的非遗资源样态，探索一条符合重庆地区经济、文化、技术背景的非遗传承道路。

本书能够成书，首先感谢重庆第二师范学院文学与传媒学院严亚与重庆市曲艺团陈永雄在选题敲定、提纲拟订、内容审核等方面的倾力指导和亲力亲为。其次，感谢以下编写者的无私奉献：陈永雄、扶瑶负责绪论的撰写，各自负责16000字的撰写任务；陈永雄、董小宇负责第二章的撰写，各自负责12000字的撰写任务；韩姝、陈亨利、刘建龙共同负责第三章的撰写，各自负责10000字的撰写任务；陈永雄、陈亨利、李宣霖共同负责第四章的撰写，陈永雄负责12000字的撰写任务、陈亨利和李宣霖各自负责6000字的撰写任务；陈永雄、金圣尧共同负责第五章的撰写，各自负责12000字的撰写内容；张军、晏洪、粟棱和李喆共同负责第六章的撰写，张军承担4000字的撰写任务、晏洪、粟棱、李喆各自负责2000字的撰写任务。

  特别感谢中国商务出版社的编辑为此书出版付出了辛勤的劳动，在此致以由衷的谢意！书中疏漏或不当之处，还请读者指教，以便补充修改，我们不胜感激。